国家自然科学基金（72102091）资助
江苏高校优势学科建设工程三期项目资助
江苏师范大学博士学位教师科研基金项目资助

动、信任与消费

郑琼———— 著

移动社交网络：

Mobile Social Networks:

Interaction, Trust and Consumption

中国财经出版传媒集团

经济科学出版社

Economic Science Press

U0505752

图书在版编目（CIP）数据

移动社交网络：互动、信任与消费/郑琼著.——
北京：经济科学出版社，2021.11
ISBN 978 - 7 - 5218 - 3045 - 3

Ⅰ.①移…　Ⅱ.①郑…　Ⅲ.①网络营销 - 研究　Ⅳ.
①F713.365.2

中国版本图书馆 CIP 数据核字（2021）第 231741 号

责任编辑：刘　莎
责任校对：王京宁
责任印制：王世伟

移动社交网络：互动、信任与消费
郑　琼　著
经济科学出版社出版、发行　新华书店经销
社址：北京市海淀区阜成路甲 28 号　邮编：100142
总编部电话：010 - 88191217　发行部电话：010 - 88191522
网址：www. esp. com. cn
电子邮箱：esp@ esp. com. cn
天猫网店：经济科学出版社旗舰店
网址：http://jjkxcbs. tmall. com
北京季蜂印刷有限公司印装
710×1000　16 开　15.5 印张　220000 字
2021 年 11 月第 1 版　2021 年 11 月第 1 次印刷
ISBN 978 - 7 - 5218 - 3045 - 3　定价：59.00 元
（图书出现印装问题，本社负责调换。电话：010 - 88191510）
（版权所有　侵权必究　打击盗版　举报热线：010 - 88191661
QQ：2242791300　营销中心电话：010 - 88191537
电子邮箱：dbts@ esp. com. cn）

序

春华秋实，硕果连连。在我国开启全面建设社会主义现代化国家新征程、向第二个百年奋斗目标进军之时，在举国上下深入学习贯彻党的十九届五中全会精神之际，郑琼同志的新著《移动社交网络：互动、信任与消费》与广大读者见面了。郑琼同志系江苏师范大学商学院青年教师，她思维敏捷、勤于治学，对网络消费领域的发展动向高度关注，对我国经济新发展阶段有关前沿问题进行了深入的思考与探索。她持续关注移动社交情境中的网络信任和网络消费问题，收获颇丰，先后主持国家自然科学基金、江苏省社会科学基金等科研项目，发表高水平论文十余篇，相关成果获得多项科研奖励。

2021年10月18日，习近平总书记在中共中央政治局第三十四次集体学习时强调指出，近年来，互联网、大数据、云计算、人工智能、区块链等技术加速创新，日益融入经济社会发展各领域全过程，数字经济发展速度之快、辐射范围之广、影响程度之深前所未有，正在成为重组全球要素资源、重塑全球经济结构、改变全球竞争格局的关键力量。随着新技术在企业发展中的应用不断深化，平台经济无疑是移动互联时代经济发展的重要形态，它正在重塑人们的消费观念和行为习惯，尤其是新冠肺炎疫情暴发以来，数字技术、数字经济在支持抗击新冠肺炎疫情、恢复生产生活方面发挥了重要作用。此书以推进数字经济健康发展为指导，顺应信息消费、数字消费、时尚消费的新模式，根据管理学、心理学、行为学、社会学和计算机科学等多学科理论，应用数据挖掘、数理统计、社交网络分析和结构方程模型等多种技术方法，提出了数字经济发展中的信任与消费问题，加强了数字经济发展规律的理论研究，探索了解决问题的思路、方法与对策。

立时代之潮头、通古今之变化、发思想之先声，关注中国问题，构建中国理论，是新时代中国经济管理学者的首要任务。西方管理学基础理论和哲学取向推动了优秀管理思想的建立与传播。以泰勒、法约尔和韦伯为代表的古典管理学派思想用科学管理原理和一般管理理论解决了西方国家管理过程中劳资关系紧张、劳动生产率低下等现实问题，以梅奥为代表的人际关系学派提出"社会人"假说，推动了行为科学理论的形成与发展；以巴纳德、西蒙、德鲁克和明茨伯格为代表的现代管理学派建立了一系列影响深远的现代管理理论，这些理论讲述的是特定历史背景下回应西方管理学者所在国家或地区现实问题的故事，那么将西方的变量直接用于中国研究情境，或借由西方的理论逻辑解释中国管理现象的研究范式能完全发现和解决中国经济社会发展中的真问题吗？其实，研究问题需要来源于实践现象，中国管理研究者还是应根植于中国文化土壤，立足于中国管理现实问题，及时提出中国方案，发出中国声音。

提出有价值、前沿性的研究问题是理论研究的起点，好的研究问题需要立足于中国管理实践的现状，又服务于中国管理实践。此书聚焦中国移动社交情境，重点关注中国社会化商务发展背景中的网络信任、网络消费等实践问题，并将现实问题放到理论文献中，抽象出有价值的、明确的研究问题。契合中国情境，研究移动社交互动、移动社交信任和网络消费的内涵与特征，提出新概念，界定新维度，构建移动社交互动对网络消费的影响机制。此书还试图为企业提高移动社交营销效能提供实践指导和决策依据，助力平台经济的健康发展。

恰当地选择控制变量、中介变量和调节变量，可以提升科学研究的准确性，反映研究对理论体系的贡献度。本书面向移动社交情境，挖掘了独特情境变量，探索了移动社交信任的前因，修正了传统移动社交情境下的信任模型，揭示了移动社交信任对移动社交互动影响网络消费的中介机制。此外,针对移动社交平台的异质性,作者还检验了内外部情境因素在移动社交互动影响网络消费过程中发挥的调节作用。

严谨的研究设计是进行科学研究的关键,用客观事实说服人,用科学道理影响人,才能增强对策建议的准确性和可信度。本书详细阐述了科学选择研究方法严谨、恰当设计研究的过程。在根据研究问题选择方法进行研究设计时,此书采用以相对主义、建构主义和人文主义为基础的定性方法论归纳移动社交互动、移动社交信任和网络消费等相关构念、特征及测量,提出新概念,界定新维度,探讨变量之间的逻辑关系,构建变量之间的传导机理和影响机制。同时,选用强调确定性、严谨性和因果推断的定量方法论,应用数据挖掘、社会网络分析等信息技术,场景再现了真实移动社交互动的过程,识别了移动社交用户之间的信任关系,准确地剖析移动社交互动的行为特征及构成要素。最后,利用调查研究和数理统计等手段,科学检验研究假设和理论模型,以保证研究结果的可靠性和可重复性。

本书层次清晰,结构严谨,内容深入浅出,运用多种可视化工具直观地呈现了多个研究问题的内在规律和特征。本书最后指出,中国特色社会主义现代化建设已经走进新时代,正处发展新阶段,我们应紧跟创新发展指导中国管理实践、探索兼具本土化与国际化理论构建路径的中国特色管理科学发展方向,解读中国实践、构建中国理论。在展望未来研究时,本书坚定立足中国情境的信念,提出了未来的研究目标,继续努力挖掘数字经济发展过程中的内在规律和思想理论,继续为企业制定移动社交交互策略和移动社交精准营销决策提供实践指导,促进中国企业在复杂多变的市场环境、技术环境中实现高质量发展。本书中的科学观点,来自郑琼同志长期以来对国内外经济发展趋势的持续关注,来自她对瞬息万变的技术环境、市场环境的深入观察,来自她对经济理论与管理实践的深入思考,来自她对祖国无比热爱的赤子之心和对祖国繁荣富强的殷切希望。

立足于中国实践,服务于中国企业管理实践,是学者们的责任也是使命。我校青年教师励志敏行，努力探索畅通国内外经济循环、推动现代化经济体系建设的新概念、新范畴、新表述、新理论。当郑琼同志的《移动社交网络：互动、信任与消费》一书呈现在我面前时，深感欣慰。

江苏师范大学党委书记、教授、博士生导师：华桂宏

2021 年秋

前　　言

2016 年 5 月，习近平总书记在哲学社会科学工作座谈会上强调"加快构建中国特色哲学社会科学"，指出"坚持以马克思主义为指导，是当代中国哲学社会科学区别于其他哲学社会科学的根本标志"。进入中国特色社会主义发展新时期，中国企业发展面临的市场环境、技术环境、国际环境等正发生着巨变，如何用中国理论阐释中国实践，用中国实践升华中国理论，挖掘中国企业创新发展中的独特情境变量，打造融通中外的新概念、新范畴、新表述，充分讲好中国故事，鲜明展示中国故事背后的规律与机制，是中国特色管理科学必须解决的时代课题。

《移动社交网络：互动、信任与消费》一书，立足中国移动社交环境，坚持问题导向推动网络信任的构建与数字消费的发展。从研究对象看，本书聚焦中国移动社交情境，重点关注我国社会化商务的发展背景及存在的实践问题；从研究选题看，本书正确处理世界管理问题研究与本土管理问题研究的关系，突出具有中国现实意义和前沿性的核心问题；从研究内容看，本书重点研究中国移动社交互动的内涵、特征和构成要素，阐释互动、信任和消费等相关概念之间的逻辑关系，探寻移动社交信任前因，构建网络消费促进机制；从研究方法看，本书坚持辩证唯物主义和历史唯物主义的方法论，既充分借鉴吸收西方现代管理科学的有益研究方法，又立足中国现实与研究需要，探索多学科研究方法的交叉、融合与创新。

互联网、大数据、云计算、人工智能、区块链等技术加速创新，日益融入经济社会发展各领域全过程，数字经济发展速度之快、辐射范围之广、影响程度之深前所未有，正在成为重组全球要素资源、重塑全球经济结构、改变全球竞争格局的关键力量。新冠肺炎疫情暴发以来，数字技术、数字经济在支持抗击新冠肺炎疫情、恢复生产生活方面发挥了重要作用。同时，海量数据和丰富应用场景优势，新一轮科技革命和产业变革深刻影响了企业的商业环境和人们的消费模式。消费者也从量、质的消费过渡到感性消费的阶段，消费者大多追求最能展现自我个性和价值的产品，更看重感性的情绪体验，移动社交营销在此背景下应运而生。有效的移动社交互动是社会化商务发展的必要条件，而有效地提高"移动社交—购买"的转化率是移动社交营销的目的。然而，移动社交营销领域的研究尚处于初步探索阶段，缺乏对移动社交互动行为的全面理解，缺乏对有效移动社交互动策略的深入探讨。同时，健全的消费领域信用体系是消费生态的重要支撑。在去中心化、碎片化的虚拟移动社交空间中，弱连接可以有效地拓宽信息传播范围，但爆炸式增长的海量信息会导致消费者需求与复杂数据资源之间矛盾重重，而各种网络失信行为也使得消费者的社会交互和决策过程面临潜在的风险。在此背景下，如何利用大数据挖掘与处理等信息技术剖析移动社交互动行为的内涵、特征和构成要素，让企业成功开展产品或品牌营销活动，良好适应新的市场竞争呢？如何营造放心的网络消费市场环境，促进网络经济健康发展呢？如何通过揭示移动社交互动对网络消费的影响机制、移动社交信任发挥的中介作用和内外部情境因素发挥的调节作用，为企业制定和实施移动社交营销策略提供决策依据与实践指导，进而提高效率和效益呢？深化对这些问题的研究，已经成为新时期中国特色管理科学创新发展的重要命题。

本书利用信息技术介入移动社交营销为目标，融合社会学、行为学和计算机科学等相关理论，应用数据挖掘、数理统计和社交网络分析等方法，深刻剖析移动社交用户在社交互动中产生的行为、用户间关系和相互作用。研究从采集强弱关系并存的新浪微博网络数据出发，选取了与网络购物联系紧密且用户数较多的"美食""美妆""时尚"三组话题的移动端数据，数据基本概括了微博里两个用户之间所有可能的社交行为。利用采集并处理后的数据，构建移动社交网络结构模型，并基于网络结构特征、移动社交互动内容及特征，界定了移动社交互动的维度与内涵。基于关系互动和信息互动这两个维度，提取了社交关系强度、社交影响范围、信息价值和信息传播控制力四个移动社交互动的构成要素，并利用这些要素开发了移动社交信任度的算法。对比单因素和多因素视角下移动社交互动对移动社交信任的作用效果后发现，社交关系强度、社交影响范围、信息价值和信息传播控制力能够准确地诠释移动社交互动的行为及特征，是移动社交互动的关键构成要素。

本书通过理论分析和实证检验，以移动社交信任为中介，构建了移动社交互动对网络消费的影响机制。首先，在对心理学、行为学、社会学、管理学和计算机科学等领域的相关文献，以及移动社交互动、网络信任、网络消费的理论和模型进行系统分析和归纳的基础上，利用对移动社交互动行为、特征和构成要素的分析结果，探讨移动社交互动对移动社交信任的影响机理和移动社交互动对网络消费的影响机理，最终以移动社交信任为中介，融合多模型构建了移动社交互动对网络消费的影响机制模型。其次，基于现有理论和模型，对移动社交互动影响网络消费模型中涉及的各类变量进行量化，并形成测量问项。对移动社交互动的构成要素，社交关系强度、社交影响范围、信息价值和信息传播控制力等进行量化和测量；从正直、善意和诚实等维度形成问项以测量移动社交信任；对网络消费进行量化和测量；对个人属性、网络属性、产品属性和其他外部属性等调节变量进行量化和测量。所有测度项均来自现有文献以提高内容效度。基于对各变量量化和测量而形成的问项，设计了调查问卷，生成正式的调查量表。最后，对移动社交互动影响网络消费的理论模型进行实证检验。选择移动社交平台中 18～50 岁的网络消费主体作为调查对象，并对调研数据进行实证分析。一是通过探索性因子分析、信度和效度分析相结合的方法对正式量表进行检验，二是利用结构方程模型对提出的假设进行检验。检验结果表明：社交关系强度、社交影响范围、信息价值和信息传播控制力对移动社交信任均有直接的正向影响；而社交关系强度、社交影响范围、信息价值和信息传播控制力又通过移动社交信任对网络消费有直接的正向影响。此外，在三个控制变量中，收入对网络消费有显著的正向影响，而年龄和性别对网络消费的影响不显著。

本书探讨了个体属性、产品属性、网络属性、其他外部属性等内外部情境因素在移动社交互动影响网络消费过程中所发挥的调节作用。首先，通过实证分析，检验了内部情境因素，如网购经验、网购态度和网络涉入度等个体属性对移动社交互动和网络消费之间关系的调节效应；检验了外部情境因素，如网络易用性和网络有用性等网络属性，产品价格、品牌知名度和产品类型等产品属性，以及服务质量、物流质量和交易安全性等其他外部属性在移动社交互动影响网络消费过程中所起的调节作用。其次，针对即时通信类、微博客类和内容社区类三大主流移动社交平台，基于性别、年龄和收入等人口统计特征，分析了内外部情境因素交互作用下移动社交互动对网络消费的影响差异。在移动社交互动影响网络消费过程中，从性别角度看，异质性平台中，男性用户和女性用户对移动社交互动的内容、方式和关注点均不同；从年龄角度看，同一平台中，移动社交互动对不同年龄层的用户作用不同，对异质性平台中的同一年龄层用户作用亦不同；从收入角度分析，不同平台的主流消费群体和消费特征均有较大差异，所以社会化商务企业需要面向系统特征和个体特性来制定交互策略和移动社交营销策略。

本书层次清晰，结构严谨，内容深入浅出，运用可视化工具直观地呈现了多个研究问题的内在规律和特征，是一本知识性、指导性、可操作性较强的力作。可作为经济学、管理学、信息与传播学等相关专业本科生、研究生或理论工作者学习和教学的参考用书，可供企业开展产品或品牌的移动社交营销活动、适应新媒体市场竞争提供实践指导和决策依据，也可作为领导干部及专业技术干部培训教材和自学用书。

目录

1

绪　　论

1.1　研 究 背 景

进入中国特色社会主义发展新时期，以习近平新时代中国特色社会主义思想为指导，坚持马克思主义基本原理和贯穿其中的立场、观点、方法，按照体现继承性、民族性、原创性、时代性、系统性、专业性的要求，用中国理论阐释中国实践，用中国实践升华中国理论，挖掘中国企业创新发展中的独特情境变量，打造融通中外的新概念、新范畴、新表述，充分讲述中国故事，鲜明展示中国故事背后的规律与机制，促进企业在复杂多变的市场环境、技术环境和国际环境中实现高质量发展，是中国特色管理科学必须解决的时代课题。

新发展阶段，中国企业发展面临的市场环境、技术环境、国际环境等正在发生巨大变化。贸易摩擦的不断升级意味着外需的萎缩，而把握扩大内需则应加快破解制约居民消费最直接、最突出和最迫切的体制机制障碍，激发居民消费潜力。消费已成为驱动中国经济增长的主要力量，促进消费对释放内需潜力、推动经济高质量发展意义重大。2020 年，新冠肺炎疫情在全球大幅扩散，中国消费行业也因疫情影响而承压，但是传统线下消费受限的情况下，网络消费得以快速增长，人们的生活观念和方式也因此有了变化。同时，移动互联网、大数据、人工智能等新一代信息技术也在深刻改变着人们的消费习惯和企业的商业环境。伴随着数字经济的蓬勃兴起，消费者已从量、质的消费过渡到感性消费的阶段，消费者追求最能展现自我个性和价值的产品，更看重感性的情绪体验，能为人与人之间实时交流提供强有力支持的移动社交网络，它正在重塑着人们的消费观念和行为习惯。

在此背景下，有效提升移动社交网络营销效能，已成为新发展阶段增强企业竞争优势的新挑战，是疫情防控常态化下畅通国内国际"双循环"的新需求。那么，如何利用大数据挖掘与处理等信息技术剖析移动互动行为的内涵、特征和构成要素，让企业成功开展产品或品牌营销活动，良好适应新的市场竞争呢？如何营造放心消费网络市场环境，促进网络经济健康发展呢？如何通过揭示移动社交互动行为对网络消费的影响机制、社交初始信任发挥的中介作用和内外部情境因素发挥的调节作用，为企业制定和实施移动社交营销策略提供决策依据与实践指导，进而提高效率和效益呢？深化对这些问题的研究，已经成为新时期中国特色管理科学创新发展的紧迫任务。

1.1.1　移动端的普及推进了社交形态的演变

作为信息通信技术重要发展的代表，智能手机等移动终端设备因其高速的数据接入、高分辨率的触摸屏，以及极强的使用便捷性开启了互联网使用的新模式[1]，允许人们在更多的场景和条件下获取最新的资讯并进行社交互动[2]。移动社交网络可以被用户用来建立社会关系[3]，也可以为用户提供了一个有效的移动计算环境来访问、共享和分发信息[4]，而个性化、移动化和多元化的移动社交应用与服务已经渗透到人类生活的方方面面[5]。规模庞大、应用使用频繁的移动社交用户已成为信息传播的主力军，中国互联网络信息中心（简称 CNNIC）发布的数据显示，2020 年，我国网民规模达 9.89 亿人，99% 是移动社交用户，九成以上的移动社交用户每日使用社交应用，六成用户有转发、评论有意思信息的习惯，各类移动社交 APP 日均启动 10 次以上[6]。移动端的普及已推进了社交形态的演变，微文本成为时间碎片里最常见的填充物，而即时性和广泛性的传播功能又为社交互动提供了类似"现场直播"的信息场域，社会交往已离不开移动社交网络。

1.1.2　移动社交网络为社交互动消除了时空障碍

移动社交网络本质上是用信息化的手段将物理世界的社交活动映射到虚拟空间的网络上[7]，移动社交活动也不局限于信息互动，而是与用户的情绪和意见、社交影响以及对交互对方个人特征评估等关系互动交错并存。因此，移动社交网络不仅是信息互动的重要载体[8]，"临场感"极强的虚拟空间也是关系互动的重要场所[9]。

移动社交网络弥合了缝隙空间，缝合了碎片时间，消解了空间和时间所产生的差距感。信息互动的即时性、碎片化、多元化、去中心化、移动化和精准化等特点，使话语权从精英层逐步走向平民层，缩短了信息传播的时空进程，增强了信息扩散效果。同时，移动社交网络把空间的意义逐渐从"地点"中分离出来，人们"即使缺乏面对面的互动情势，仍然可以在某种虚化空间中共同在场"[10]。

1.1.3　移动社交互动深度影响着网络消费行为

移动社交网络促进了顾客与顾客、企业与顾客之间进行实时、多渠道和个性化的社交互动与合作，形成复杂的社会网络，能够对其他顾客产生直接或间接影响，促使顾客行为模式产生新的变革[11]。手机购物用户规模增长迅速，移动端商业潜力巨大。据 CNNIC 公布的数据，2020

年，我国网络购物用户规模达 7.82 亿人，其中 99.8% 为移动端网购用户[12]，新的消费模式促进了移动商务的繁荣。

移动社交互动深度影响着顾客的购买决策过程。移动社交互动营销是基于用户撰写、分享、评价、讨论和沟通等社交互动，以用户交流和关注点为基本，从个人在社交网络里的信息足迹和人际关系链出发，把线下产品或服务推广巧妙融入社交互动这个无形推手中，把品牌产品信息传递给需要的客户，进而激发更多的参与和传播，形成的复杂的社会网络深度影响着消费者的购买决策过程。相比传统媒体上的企业生成内容，顾客更趋向于信任社会化应用平台上的用户生成内容，尤其是来自同行的品牌推荐和评论[13]。根据社会化商务的相关调查，大约有 83% 的在线顾客愿意与朋友分享购物信息，而 67% 的顾客会考虑社区中其他顾客的意见，然后制定购买决策[14]。在社交网络中，用户认为朋友的意见特别可靠，而朋友的推荐也是用户的最优选[15]，自觉自愿地在移动社交平台上浏览或评论信息的消费者，更容易受到产品或品牌营销活动的影响，也更可能产生购买意愿和品牌口碑[16]。另外，在面对没有直接联系的用户时，用户更有可能接受在特定领域社会影响力较高的其他用户的建议[17]。如今，企业或品牌网络上的成功取决于它们如何有效地利用移动社交网络来增加消费者的参与度，并将其转化为品牌宣传者[18]，社交网络的加入对在线交易市场的收入有积极的影响[19]。因此，研究移动社交互动对网络消费的影响机制对企业的创新发展意义重大。

1.1.4 移动社交初始信任问题严重阻碍社会化商务的发展

移动社交网络的商业价值已通过社交互动有所体现，但没有直接交互经验的移动社交用户之间的初始信任问题是阻碍社会化商务发展的重要障碍。2017 年，我国移动社交用户中只有 55.4% 的用户在移动社交应用内付过费，在社交应用内购买商品的用户占比也仅为 44.7%[20]。2019 年，超过半数移动社交用户购买过基于社交电商的产品，却仅有

10%购买10次以上或总价值1 000元以上[6]。究其原因，在信息交换网络中，弱连接可以更有效地拓宽信息传播范围[21]，但是，去中心化的虚拟社交空间中，碎片化的短文本数据量大、产生速度快、噪声多，以好友、关注等形式体现的隐式信任关系也普遍存在，网络数据资源每日都在爆炸式增长，海量信息的干扰导致用户需求与复杂数据资源之间矛盾重重[22]，各种网络失信行为，例如网络主体信息的不对称、网络主体交往行为的不规范，加之散布虚假或伪劣信息、恶意推荐和网络钓鱼等，使得社会交互和决策过程都可能面临潜在的风险[23]，因此，有效整合数量众多、性质相异的多元主体力量，形成有效的互动关系[24]，促进信任的形成是网络活动成功的关键因素之一[25]。

因此，没有交互历史的节点用户之间初始信任机制的构建有助于提高移动社交平台的购买转化率，但是初始信任构建的内在机理及其如何作用于社交用户的购买意愿，进而影响其购买行为却没有得到很好的回答。因此，通过信息技术介入，深度挖掘移动社交用户之间的关系及用户在社交互动中所产生的行为在这一需求背景下应运而生。

解决移动社交初始信任问题需要对各种人工和自然的复杂网络行为有更多、更好的认识[26]。复杂网络已遍布社会经济和政治生活的各领域。移动社交网络中，用户可以抽象为复杂网络中的节点，而节点是随着时间、空间不断发生变化的，如何快速并有效地识别动态复杂网络中的节点属性、社交关系和信任关系，是对现有数值算法的一个巨大挑战[27]，发现信息传播规律也成为网络时代科学研究中一个极其重要的挑战性课题，甚至被称为"网络新科学"[28]。

1.1.5 问题的提出

为了鼓励企业营销模式的创新，为了实现移动社交网络商业价值的开发与拓展，需要对以下问题进行认真思考：移动社交互动的内涵和特征是什么？移动社交互动有哪些构成要素？如何在众多节点中，尤其是没有直接联系的节点中识别可信节点？哪些因素影响着移动社交初始信任的形成？哪些因素又影响移动社交用户的网络消费？进一步地，移动社交互动通过社交初始信任对网络消费的影响机制又是什么？这一系列问题的回答将有助于正确理解移动社交用户在社交互动中产生的行为、用户之间的关系和相互作用，有助于准确识别没有直接交互历史用户之间的信任关系，以及制定有效的移动社交营销策略以促进移动社交用户的网络消费，促进社会化商务的蓬勃发展。

1.2 本书的目的及意义

1.2.1 研究目的

本书的总体目标是从信息互动和关系互动视角，以移动社交初始信任为中介，构建移动社交互动对网络消费的影响机制模型，试图为社会化商务的发展提供理论支撑和技术保障。具体来说，本书包括如下四个子目标：

（1）构建移动社交网络模型，还原真实社交活动。通过对移动社交活动的采集和特征提取，基于时间特征和空间位置特征生成社交互动序列，利用移动社交网络的建模方法，试图还原真实世界中的节点属性、信息互动、关系互动和网络结构等指标特征。

（2）分析移动社交互动特征，并通过识别与评估移动社交网络中没有直接交互历史的社交用户之间的信任关系来分析移动社交互动的构成要素。通过提取移动社交用户的节点属性和用户之间的社交关系等特征生成网络中心矩阵和节点相似关系矩阵，识别移动社交互动中的信任关系。根据全局信任信息和局部信任信息，通过量化与评估移动社交初始信任来研究移动社交互动的构成要素。

（3）以移动社交初始信任为中介，探讨移动社交互动对网络消费的影响机理。基于利用信息技术介入的移动社交互动构成要素的分析结果，以及对现有文献和模型的系统分析和归纳，从多角度筛取网络消费的影响因素，厘清影响因素体系，以及各因素对网络消费的影响机理。

（4）构建移动社交互动对网络消费的影响机制模型，并探寻内外部情境下移动社交互动影响网络消费的调节机制，为社会化商务参与者的移动社交营销策略提供决策依据。融合多模型构建移动社交互动对网络消费的影响机制理论模型，通过实证检验对理论模型进行修正，并探寻内外部情境因素对移动社交互动影响网络消费的调节作用，最后提出有助于移动社交用户和社会化商务企业创新发展的交互策略和营销策略。

1.2.2 研究意义

有效的移动社交互动是社会化商务发展的必要条件，而有效地提高"移动社交—购买"转化率是移动社交营销的目的，也是现代企业创新发展的方向。因此，研究移动社交互动对网络消费的影响机制具有重要的理论意义与实践价值。

1.2.2.1 理论意义

（1）本书创新性地利用信息技术介入研究移动社交互动行为，应用数据挖掘、数理统计和社交网络分析等方法，融合心理学、社会学和管理学等理论，深入挖掘大规模移动社交数据，促进了多学科的交叉应用，完善了网络消费行为研究的方法体系，为掌握舆情传播的动力学特征、社交关系的动态演化机理和移动社交用户之间信任关系的识别奠定了基石。（2）研究移动社交初始信任构建的内在机理及其产生的影响，是对新媒体环境下信用机制相关研究领域的拓展和丰富。（3）通过系统地分析移动社交互动的构成要素，构建并检验移动社交互动对网络消费的影响机制理论模型，为社会化商务的有效开展提供了重要的理论支撑。

1.2.2.2 实践价值

（1）本书深入分析海量移动社交数据，探讨移动社交初始信任的形成机理，有助于健全消费领域的信用体系。（2）移动社交用户之间的社交互动是社会化商务的基本特征，而研究移动社交互动行为能够帮助社会化商务运营者了解消费者索取购物信息、分享交互经验的影响因素，对企业的交互方式选择也具有一定的指导和启示作用。（3）摸清信息传播规律有助于理解信息互动和关系互动的过程，对信息推荐、广告投放和舆论引导等意义重大，也有助于"口碑营销"到"行为营销"的转化。（4）研究结果能够帮助社会化商务企业分析和预测社交用户行为，理解和把握消费者的购买动机，为其制定移动社交营销策略提供新的决策依据。

1.3 本 书 结 构

1.3.1 研 究 对 象

本书的研究对象是移动社交用户的网络消费，样本涵盖移动社交平台中 18~50 岁的网络消费主体。具体而言，其内涵层次主要包括三个方面：

（1）获取和分析移动社交数据以研究移动社交互动的构成要素，是本书的研究基础。

（2）以移动社交初始信任为中介，构建移动社交互动对网络消费的影响机制，是本书的研究内容。

（3）移动社交互动对网络消费的具体作用，即移动社交营销策略，是本书的研究目标。

1.3.2 研究内容

研究消费者网络消费行为时，理论分析、数据挖掘和实证分析都是行之有效的方法。数据挖掘是通过对大量样本数据的挖掘和分析来获取有价值的顾客信息[29-31]。实证是通过对样本数据的统计分析来对影响网络消费行为的各种因素进行定量研究，从而把握网络消费者行为的特征[32-34]。而理论分析主要是运用心理学、社会学和消费者行为学等学科知识，结合网络环境特点对网络消费行为进行定性研究[35,36]。基于此，本书以利用信息技术介入移动社交营销为目标，融合社会学、心理学和管理学等理论，应用数据挖掘、数理统计和社交网络分析等方法，客观理解移动社交用户在互动中产生的行为、用户之间的关系和相互作用，然后以移动社交初始信任为中介，研究移动社交互动对网络消费的影响机制，并为社会化商务企业的营销策略提供决策依据。全书共分为8章，各章的研究内容如下：

第1章 绪论：本章在阐述研究背景的基础上提出了本书的研究问题，明确了研究目的和意义，确定了研究对象和主要内容，明确了研究思路与研究方法，最后说明了本书的主要创新点。

第2章 移动社交情境中互动、信任与消费概论：本章首先对移动社交互动的研究现状进行了总结，包括社交互动的概念和定义、社会互动的基本特征和分类，界定了移动社交互动的概念和内涵。其次对网络消费的影响因素进行了综述。再次对移动社交初始信任的概念、影响因素和评估方法进行了综述。最后对移动社交网络的研究现状进行了说明，提炼了社交网络的分析方法，涉及移动社交网络的建模方法、信息传播规律的识别方法和网络中心性的发现方法等。

第3章 利用信息技术介入的移动社交互动构成要素挖掘：本章首先利用信息技术介入，采集强弱关系并存的新浪微博网络数据，选取了与网络购物联系紧密且用户数较多的"美食""美妆""时尚"三个话题的移动端数据。其次构建移动社交网络的结构模型，并基于网络结构特征分析了移动社交互动行为及其特征。最后通过评估移动社交初始信任度，验证了社交关系强度、社交影响范围、信息价值和信息传播控制力是移动社交互动的四个关键构成要素。

第4章　基于信任理论的移动社交互动影响网络消费的概念模型构建：本章在阐述信任理论的基础之上，以移动社交初始信任为中介，提出了移动社交互动影响网络消费的研究假设和验证思路，并构建了理论模型。

第5章　移动社交互动对网络消费影响机制的研究：基于现有的理论和模型，本章对自变量、因变量、中介变量和调节变量进行了量化，形成了测量问项，并设计了调查问卷，为后期调查研究的开展奠定了基础。

第6章　移动社交互动对网络消费影响的验证分析：本章对移动社交互动影响网络消费的理论模型进行了实证检验。选择调研对象，并对调研数据进行了因子分析、信效度分析、假设检验，以及中介变量的作用检验和问项对各指标解释力的分析。

第7章　移动社交互动影响网络消费的内外部边界条件研究：本章进一步研究了内部属性和外部属性在移动社交互动影响网络消费过程中所起的调节作用。最后，针对不同移动社交平台，基于性别、年龄和收入等人口统计特征进行多群分析，为移动社交互动营销提供了决策依据。

第8章　研究结论与管理启示：本章总结了本书的主要研究工作，分析了研究的不足，并展望了未来的研究方向。

1.3.3　研究思路

本书以探索移动社交营销策略为主线，沿着"研究概述——现状剖析——模型构建——实证研究——营销策略"的逻辑线索展开研究。首先，利用数据挖掘技术分析移动社交互动行为，识别移动社交初始信任关系，并量化移动社交活动。从移动社交网络的真实时空社交数据中提取和量化社交活动的相关特征，构建移动社交网络的结构模型。结合全局信任和局部信任等两类信息，综合考虑信息互动、关系互动和网络结构等特征，通过识别和评估没有直接交互历史的移动社交用户之间的信任关系，对移动社交互动的构成要素进行分析。其次，基于现有的理论和模型，从移动社交互动出发，探讨移动社交初始信任的形成机理，从而构建移动社交互动对网络消费的影响机制模型。最后，设计调查量表，采取分层随机抽样的方法选取调查样本，运用统计分析方法和结构方程模型完成对理论模型的检验与修正，并根据研究结果提出合理可行的移动社交营销策略。图 1-1 描述了本书的总体思路和各步骤中所涉及的研究方法。

1.3.4　研究方法

本书以移动社交互动为视角，借鉴已有的研究成果，综合运用社会学、心理学、管理学和计算机科学等学科知识，以及数据挖掘、数理统计和社交网络分析等方法进行研究，在研究过程中注重研究方法选用的科学性。具体研究方法如下。

1.3.4.1　多学科结合研究法

在系统分析与归纳社会学、心理学和管理学等学科现有理论、模型和相关文献的基础上，利用信息技术介入，应用数据挖掘、数理统计和社交网络分析等方法，以移动社交初始信任为中介，构建移动社交互动对网络消费的影响机制模型。

1.3.4.2　计算机语言编程法

针对移动社交网络的构建问题，基于 python 3.6，使用 mongodb 数据库，安装 requests 和 pymongo 两个库，接入新浪微博的开放接口，持续获取社交互动行为数据，再通过 web 定义去掉微博网页版数据来筛取

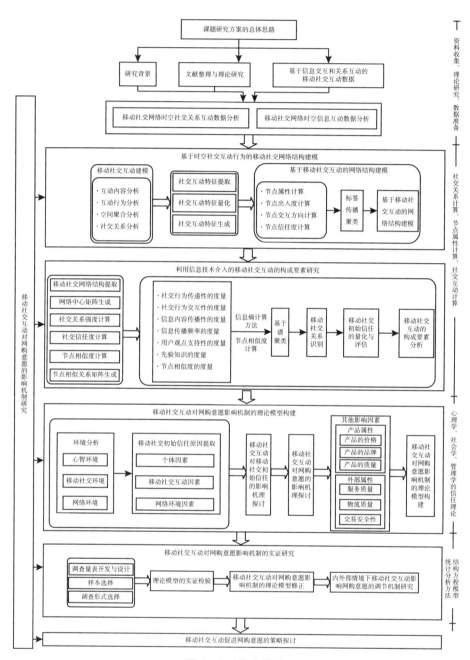

图 1-1　技术路线

移动端数据。使用 visual studio 2013（C#）编写程序，从 Json 数据中提取所需的数据字段。利用 matlab 工具，对每一类边关系数据，建立各自的关系强度矩阵（带权邻接矩阵）。进一步地，利用 K - 核分解方法，把矩阵中的与网络其他部分连接不紧密的小分支以及社交关系很少（度值为 1）的"僵尸号"删除，得到便于分析的移动社交数据。

针对移动社交信任关系识别与评估的问题，首先，通过提取网络结构特征和移动社交互动行为特征，生成网络中心矩阵，其次，基于全局信任信息和局部信任信息，利用信息熵的方法（主要是以 Shannon entropy 为代表的计算方法）量化并评估移动社交初始信任，以对移动社交互动的构成要素进行分析。

1.3.4.3 调查研究法

首先，在量表的开发与改进方面，在搜集和阅读相关文献、多次专家访谈和小样本前测的基础上，充分结合移动社交互动构成要素的研究结果和概念模型，设计移动社交用户网络消费影响因素的调查量表。通过小样本前测的方法评估测量量表的信度和效度，并根据专家和被调查移动社交用户的反馈意见对量表进行改进，最终形成了移动社交用户网络消费影响因素的标准化调查量表。在调查量表中，所有的结构变量均采用多个测度项，保证了问卷的内容效度，所有问题问卷均采用 Likert 五级量表，受访者基于对问题的认可程度，按 1 ~ 5（完全不同意到完全同意）对相关问题分别进行打分。其次，在获取调研数据方面，为了更加全面地把握人口统计特征，本书按年龄、性别、学历和收入等划分标准，采用分层随机抽样方法，并通过分发网络问卷获得调研数据。

1.3.4.4 统计研究方法

对调研数据进行整理之后，在因子分析、相关性分析和方差分析等传统多元数据分析的基础上，运用 SPSS22.0 软件进行信度与效度的检验，同时运用结构方程模型分析软件 AMOS21.0 进行假设检验，进而探讨各变量之间的关系，以及各变量对网络消费的影响机理和具体作用，完成对理论模型的调整与修正。

1.4　本书创新点

　　虚拟性、开放性、碎片性、即时性和去中心化的移动社交情境已成为网络消费行为研究的新热点，本书创新性地以多学科交叉融合探索当前网络消费问题，而移动社交情境的复杂性必然要求从多学科视角对这一问题进行探讨，而目前的研究还有待拓展。鉴于此，本书以利用信息技术介入移动社交营销为目标，融合社会学、心理学和管理学等理论，应用数据挖掘、数理统计和社交网络分析等方法来研究移动社交互动对网络消费的影响机制，进而探讨内外部情境下移动社交互动影响网络消费的调节机制，拟服务于企业营销模式创新与发展的新方向。

　　本书的主要创新点在于以下四个方面。

　　（1）基于社会心理学理论，结合网络结构、移动社交互动行为及特征，从关系互动和信息互动两个维度构造了移动社交互动的构念，突破了传统仅从单一维度研究移动社交互动行为的局限，获得了更全面的移动社交互动行为及特征。

　　在现有移动社交互动的研究中，大多从静态信息互动出发研究信息传播的机制和趋势，构建信息传播的动力学模型，这也是目前管理学与计算机科学交叉的主要研究方向。也有文献涉及社交关系互动，如口碑研究，但同时从两个维度全面研究移动社交互动行为的文献鲜少见到相关报道。而现实世界中的社交互动，不仅有信息的传播，还有情感的交流，因此，本书创新性地同时考虑了社交关系互动和社交信息互动两个维度，构造了移动社交互动的构念，充分体现了移动社交互动的特点，如点赞、评论、分享、关注发布和转发信息等，为准确地研究移动社交互动的构成要素奠定了基础。

　　（2）基于移动社交网络结构和社交行为特征，利用时空社交互动数据，运用数据挖掘和社交网络计算等方法，场景再现了真实移动社交互动的过程，识别了没有直接交互历史的移动社交用户之间的信任关系，更准确地研究了移动社交互动的构成要素。

移动社交网络本质上是利用信息化的手段将物理世界的社交活动映射到虚拟空间的网络上，而已有的工作没有完整地还原真实世界的移动社交互动，无法有效识别移动社交互动的构成要素，更无法掌握移动社交互动对网络消费的影响机制。鉴于此，本书创新地将数据采集和挖掘技术、社交网络计算方法应用到移动社交互动构成要素的研究之中。首先，采集并分析强弱关系并存的移动社交数据，构建移动社交网络模型来有效还原真实世界的社交互动，建立线上社交关系互动和信息互动到线下社交互动的映射关系。其次，将地理位置、时间与社交互动进行有机地结合，在时间、空间和社交互动三者构建的模型中，通过开发灵活、高效和可扩展的社交关系强度计算、社交影响范围计算、信息价值计算、信息传播控制力计算和社交信任度计算等算法，识别没有直接交互历史的移动社交用户之间的信任关系，以研究移动社交互动的构成要素，为开展移动社交互动对网络消费影响机制的相关研究奠定了基础。

（3）以信任理论为基础，面向移动社交情境，以移动社交初始信任为中介变量，构建移动社交互动对网络消费的影响机制模型，修正了传统移动社交情境下的信任模型，并揭示了移动社交初始信任对移动社交互动影响网络消费的中介机制。

本书考虑了移动社交情境中的关系互动和信息互动，利用移动社交互动构成要素的研究结果，基于管理学、社会学、心理学和计算机科学等学科理论、模型和方法，多维度地筛取影响因素，首次以移动社交初始信任为中介，构建了移动社交互动对网络消费的影响机制模型。通过统计分析方法和结构方程模型实证检验了理论假设，并修正了模型。研究结果发现，移动社交互动的四个构成要素，社交关系强度、社交影响范围、信息价值和信息传播控制力，不仅对移动社交用户的网络消费有直接的正向影响，而且通过移动社交初始信任对移动社交用户的网络消费有明显的正向影响。

（4）从内外部情境出发，研究了移动社交用户个体属性、产品属性、网络属性和其他外部属性对移动社交互动影响网络消费的调节作用，探究了个体属性和网络平台特征交互影响下，不同移动社交平台中，不同特征个体的移动社交互动对移动社交初始信任和网络消费影响的差异，为社会化商务企业的精准营销提供决策依据。

基于移动社交互动对网络消费的影响机制模型，本书从内外部情境出发，实证检验了个体属性、网络属性、产品属性和其他外部属性对移动社交互动和网络消费之间关系的调节效应。其中，个体属性包括网购经验、网购态度和网络涉入度等个体特征，网络属性包括网络易用性和网络有用性等特征，产品属性包括产品价格、品牌知名度和产品类型等因素，其他外部属性包括服务质量、物流质量和交易安全性等因素。然后，针对不同特征的移动社交平台，基于性别、年龄和收入等人口统计特征，对移动社交互动作用移动社交初始信任和网络消费进行多群分析，研究结果有利于精准营销的开展，并为社会化商务企业提供了交互策略和移动社交营销策略的决策依据。

移动社交情境中互动、信任与消费概论

科学、客观、全面地进行文献综述，对完善和提升现有理论、提出新范畴、界定新概念、建构新理论等具有不可替代的作用，也是讲好中国故事，展示中国故事背后规律与机制的必要条件。本书以多学科交叉融合探索当前网络消费问题研究的方法与思路，通过挖掘大规模移动社交网络数据，分析用户社交互动的行为和特征，识别和量化没有交互经验的移动社交用户之间的信任关系，以研究移动社交互动的构成要素、移动社交初始信任的形成机理和移动社交互动对网络消费的影响机理，最终构建了移动社交互动对网络消费的影响机制模型。主要涉及以下方面：移动社交互动的相关研究；网络消费的相关研究；移动社交初始信任的相关研究；移动社交网络的相关研究。

2.1 移动社交互动概论

2.1.1 社交互动的概念

社会化商务与电子商务的区别主要体现在顾客联系和互动性上，互动按照辞典上的解释，"互"是交替、相互，而"动"是使起作用或变化。归纳起来，"互动"就是指彼此联系，相互使彼此发生作用或变化的过程。社会互动也称社会相互作用或社会交往，即社交互动，是个体对他人采取社会行动和对方作出反应性社会行动的过程，是个体与个体之间，群体与群体之间通过语言或其他手段传播信息而发生的相互依赖性行为的过程，是信息接收方依据信息内容对信息发出方进行回应的行为[37]。

社交互动的实质是主体与客体之间依靠包括暗示和语言在内的"符号"的沟通[38]，因此"符号互动"是社交互动的主要形式之一。而当人们对于彼此的符号资本有更多了解的时候，互动者就会更强烈地体验"共同兴奋"的情感所带来的联动效应，而这种效应可转化为能促使人们更热情地参与到互动中的能量，关系链在互动中亦开始形成，如用户间的关注关系、好友关系和实时交互过程中的共同兴趣关系等[39]。因此社交互动是互动者基于共同的关注点，通过符号资本和情感资本的交换而进行的日常程序化的活动。

2.1.2 社交互动的分类

互动的类型没有统一的划分标准，据互动情境划分可分为熟悉情境、社交情境和工作情境三类互动；根据互动主体的类型可划分为个体间和群体间两类互动；根据互动中的个体间关系及其性质划分又可分为情感性、工具性和混合性三类互动。以强弱关系为基础形成的移动社交网络中，弱关系传递信息，而强关系则多引发行为。移动社交网络中，人们在获取信息时除了关注信息本身的有效性外，还受节点的影响力带来的信任感的影响，其直接或间接改变他人的思想或行动[40]。这是因为社交网络中的信息都以社交为目的，处于社交网络中的信息并不会无意义地流转，所有的信息都会被现实的人赋予极强的指向性，而具有指向性的信息在流动过程中，关系链亦开始形成，如用户间的关注关系、好友和亲情关系、实时交互过程中的共同兴趣关系等。因此，在移动社交网络中，"符号互动"体现为移动社交用户之间的信息互动行为，而"情感资本"的交换则体现为移动社交用户之间的关系互动行为。

2.1.3 移动社交互动的概念界定

已有文献对现实世界中社交互动的概念、本质和类型做了较多的研究，人际交往就是互动的过程，网络互动本质上是一种社会互动[41]。但是互动的研究是具有情景依赖性的，对特定情境的互动研究才具有针对性和实践意义[42]。在移动社交网络情境下，互动的内涵将有所拓展。

本书涉及的移动社交互动是指，在移动社交网络环境中，移动社交用户个体间或群体间通过获取信息、分享乐趣、相互交流和共享经验等社交互动，使节点用户之间产生相互作用或发生改变的过程。移动社交互动不仅包括信息互动行为，还包括体现社交用户对信息发布者的观点和情感等关系互动行为，它不仅可以激发、助推和引导社会事件的发展趋势，还可以准确并高效地为社交用户群体进行个性化推荐，推动企业营销模式的不断创新。

2.2 网络消费概论

在线购买决策的影响因素研究是消费者行为研究中的热点[43,44]，已有研究聚焦于消费者内在因素、网站因素、产品因素和营销因素等维度。而对各维度的量化指标也有所不同，但主要集中在价值感知，以及体现互动行为的在线评论和网络口碑等因素[45,46]。社会化商务环境下的购买决策研究大多从商品特征、微商服务能力、关系情面和第三方监管等方面切入[47]，有些研究引入了互动因素，但多数研究仅认为信息互动即是影响购买决策的互动因素。左文明等（2014）引入社会资本理论发现, 社会化电子商务中的虚拟社会资本通过网络口碑的数量和质量来影响网购意愿[48]。辛冲等 (2017) 通过实验研究发现, 在社交网站中, 感性诉求方式的网络口碑信息的效果优于理性诉求方式, 正向的网络口碑信息对消费者的购买意愿具有积极的推动作用[49]。而事实上, 关系互动对消费者网购决策亦有显著影响, 而且信息源可信度是影响消费者网购决策的关键因素之一, 因为产品推荐者的个体特征比网络信息本身对消费者的购买意愿影响程度更大[50], 尤其是面对没有直接联系的其他用户时, 用户更可能接受在特定领域社会影响力较高用户的推荐[17]。林家宝等 (2010) 认为包括社交支持、社会交互和社交信任三个维度的朋友群组社交氛围对群组成员集体购买意愿和购买行为有显著的正向影响, 并突出自发性邻近社交网络的重要性, 说明社交氛围能通过情感的渠道影响朋友群组成员的购买行为[51]。因此, 关系互动也是影响网络消费意愿和行为的关键因素之一。

另外, 信任对于人类各种行为的重要性得到了普遍认可。在不完全契约的前提下, 信任是简化系统复杂性的机制[52], 它可以降低消费者感知的风险程度[53], 减轻交易中安全漏洞和隐私侵犯的风险[54], 弥补过多控制可能造成的弊端[55], 降低交易成本、促进合作[56]。信任也是社会交换关系的基础[57], 对消费者满意和消费者忠诚有显著影响[58,59], 直接影响购买意愿[60,61], 网络成员之间良好的情感信任环境还可以使信息和知识的交换、分享、吸收与利用更为高效[62], 保证未来的顾客保留、口碑推荐以及长期的盈利能力[63]。在线商务环境中信任同样能够降低消费者感知的风险, 促进购物动机[64-68], 有助于建立消费者满意度与忠诚度, 并促进企业绩效[69]。少量研究针对没有直接交互历史的移动社交用户之间的初始信任影响网购意愿和行为的问题展开。李琪等 (2014) 认为卖家信誉、消费者保障机制和消费者信任立场, 通过消费者初始信任信念的中介作用, 对消费者的购买意愿产生非常显著的正向影响, 且这种影响不因性别而有差异, 同时, 在三个影响因素中, 消费者保障机制对消费者初始信任信念的提高最为有效[70]。社交互动行为可以促进人与人之间的信任，并影响消费者的最初购买意愿[71]，但是没有对具体的社交互动行为和特征展开全面的研究。同时，移动社交网络中，互动程度能够影响消费者对微商的信任，购买意愿较高的用户，大多数处于网络的中心，与微商经营者和其他用户之间的互动交流均较为频繁[72]。张晓丹等（2017）用关系强度、规范性影响和互惠三个维度表示关系嵌入，而关系嵌入通过影响信任进而影响购买意愿[53]。

因此，基于对相关文献的研究，本书认为移动社交互动，即信息互动和关系互动，显著影响移动社交用户的网络消费，而移动社交初始信任在这一过程中起中介作用，其中，移动社交初始信任有别于网络评价和网络口碑等信息互动指标，也有别于社交影响力等关系互动指标，需要通过对网络结构、节点属性和互动内容等特征进行分析而获得。基于此，需要对移动社交初始信任的概念、影响因素和量化方法的相关研究进行分析。

2.3　移动社交初始信任概论

2.3.1　移动社交初始信任的概念

2.3.1.1　信任的概念

信任的概念在不同学科领域有差异。心理学中，信任是对对方会信守承诺、坦诚沟通，而不会利用其脆弱的期望[73]，参与者效用不仅依赖于最终的物质支付，还取决于参与者所持信念引发的心理状态[74]；社会学中，信任被视为降低社会生活和社会交往复杂性的机制，能提高人们在关系中的安全性，减少防御与禁锢；行为经济学中的信任是基于理性计算形成的[75]，是交易双方在博弈、谈判、消费及经济贸易等特定环境中，在有限信息和经验基础之上，对对方履行承诺的积极预期及能力的认可。在管理学的研究中，信任被认为是一方基于另一方的能力、善意和诚实的信念[76]，而向其展示自己脆弱性的意愿[77]。信任还可以被看作人格特质的表现、社会环境的产物、心理的认定、维度分析的结果以及基于第三方特征而建立的信念[78]。或是被认定为施信方对信任目标在多大程度上表现出善意、能力、诚实和可预测行为的信心，包含信任信念和信任意图两个相互关联的维度，其中信任信念包括能力、善意、诚实和可预测四个维度，而信任意图则包括对对方依赖的意愿和依赖的主观概率[79]。

2.3.1.2　信任的分类

从发展阶段角度看，目前国内外有关电子商务信任的研究大量聚焦于最初信任和持续信任两阶段。信任可以分为强信任和弱信任[80,81]，或初始信任度与实际信任度[82]，或是最初信任和持续信任两阶段[83-88]。而在线信任的发展包括探索与承诺两个阶段，探索阶段的信任称为最初信任，而承诺阶段的信任则称为持续信任[89]。

在信任的不同发展阶段，信任的程度也不同[90-92]。信任划分为人际信任、经济信任和深度人际信任[93]，或是划分为形成信任的信任建立阶段，信任已经存在的稳定信任阶段与信任下降的衰退阶段三个阶段[94]。初始信任对消费者的在线购物意向产生显著的正面影响并可能导致消费者的实际购物行为，当消费者的初次购物向重复购物发展时，消费者在与网络商家长期、重复交互中形成的对网络商家稳定的信任信念为一般信任[95,96]。董纪昌等（2017）设计了两种模型对网贷平台投资者的信任形成机制进行实证分析，结果表明，社会声誉、管理能力、安全性、财务状况和技术能力均对投资者初始信任产生显著影响，而投资后的实际用户感知对持续信任的影响较大[97]。

从信任来源角度看，认知信任和情感信任两个维度被普遍认可[98-101]。在信任建立的初始阶段主要是认知信任，而随着交往的深入才产生情感信任。认知型信任依赖于对他人的充分了解和值得信赖依据的掌握，如对被信任方的知识、能力、个体特征和可靠性等判断而产生的信任；而情感型信任则表现为对对方福利的关心，充分考虑对方的目的和企图，以良好的沟通和对误差的排除为基础的信任[99]。认知信任是对于外在事物的认知，并做出是否可以信任的判断[102]，先于情感型信任，并且先于由情感形成的有利或不利于受信人的期望[98]。例如，服务提供商的专业知识和服务质量使其与客户之间产生认知型的信任关系，而认知信任和情感信任又使客户与服务提供商之间建立稳定的信任[103]。因此，对能否信任或在多大程度上信任网络卖家的判断，消费者可以从对方在市场中的竞争力、营销能力和品牌力量等因素进行分析，也可以从对方诚实可信、善良和正直的品质和客户关怀等特征来进行分析。

2.3.1.3 移动社交初始信任的概念界定

基于现有信任分类的研究，本书总结出信任形成的过程具有阶段性，包括信任形成的初始阶段、持续阶段和衰退阶段等，而在这一过程中，施信方在进行交易之前对被信方从不熟悉到有些了解，信任开始慢慢地形成，这一阶段属于初始信任阶段；而随着施信方体验或多次体验之后，信任会由初始信任向持续信任过渡，网络信任亦然，也可以划分为初始信任和持续信任。因此，在研究过程中，应该根据信任的不同发展阶段来区别定义，否则将会影响研究结果的准确性和合理性。此外，已有文献对信任和在线信任的内涵和类型做了大量研究，但是对移动社交初始信任内涵的界定鲜少见到相关报道。

本书中的移动社交初始信任是指，在强弱关系并存的移动社交网络中，在没有直接交互历史的移动社交用户之间，施信方基于网络属性和自身的个人属性，通过被信方在整个网络中的表现、被信方与其好友的交互历史，即被信方与其他用户的关系互动信息和信息互动信息，对被信方可信赖的积极预期，并向其展示自己脆弱性的意愿。移动社交信任的作用不止于风险规避，还可以被用作舆情传播的监控以及接收信息可信度的辨识，尤其是社会化商务推荐。

2.3.2 移动社交初始信任的影响因素

2.3.2.1 网络信任的影响因素

信任理论被广泛用于信息系统采纳和电子商务用户行为等研究中[104]。从前因的角度看，客观环境因素和主观内在因素共同决定一个特定环境中信任的生成。其中，客观环境因素包括制度、经济技术发展水平和信息传递网络等外部约束因素，对信任的生成和发展起着至关重要的作用，而主观内在因素，如信任的倾向和主体认知能力等，对信任的形成起能动作用[105]。消费者信任的影响因素研究主要集中在网络主体、关系人和环境因素等方面[106]。宏观水平的因素指的是环境的、制度的因素，如社会规范、制度为基础的因素等，微观水平的因素包括被信任方的特征为基础的因素，如信任倾向、感知第三方支持等，双方间因素是指感知公司形象、感知服务质量、感知网站质量等[107]。侯正航（2011）从卖方因素、第三方因素、网站因素、买方因素以及环境因素几个方面构建了网络消费者信任影响因素的概念模型，并通过实证研究进行了分析[108]。倪自银（2013）从网络商家、购物网站、电子商务环境和消费者个人4个角度，探讨网络消费者信任的影响因素[109]。谢英香（2013）以"90后"大学生为对象，围绕"网络信任情境结构模型"探讨了个体、情境和媒介三方面因素对网络人际信任关系建构的影响[110]。王剑华（2017）以淘宝网为例，发现影响网络购物顾客信任的显著因素主要是网站、产品、第三方评价和个人消费因素，并提出了有针对性的建议[111]。何冬丽（2012）等从交易主体和网站两个方面对网络消费者信任影响因素进行了分析[112]。陶晓波（2011）等分析了感知网站投入、声誉和信任倾向对于网络消费者信任的影响[113]。也有学者研究用户和网站之间的信任模型，给出了线上信任的定义，特别是人与信息或人与交易网站之间信任的定义，并提出利用可信性感知、易用性感知和风险感知三个感知因素来构建线上信任模型的思路[114]。

2.3.2.2　网络初始信任的影响因素

目前，网络初始信任影响因素的研究延续了网络信任影响因素研究的范式。整合信任理论认为，消费者初始信任受三种机制的影响：基于认知的信任前因、基于制度的信任前因和基于个性的信任前因，而网络主体因素解释了施信方相信或不相信他方的倾向，以施信方的信任信念为基础[89]。人际信任是指基于交互双方的言辞、承诺及口头或书面的表达，施信方对被信方了解和认可，并感觉对方可靠的期望[115]。制度为基础的信任指的是个体对制度背景的感知，在特定环境下固有的与人无关的结构，例如网络制度保障和网络安全性等，能降低不确定性并约束人们行为及其相互关系的一套行为规则[116-119]，包括正式制度安排[120-123]和非正式制度安排[95、105、124、125]。

另外，有些文献着重研究了互动因素对在线信任形成的重要性，因为信任的产生不单纯是人类个体心理特征过程的产物，而是发生在特定的社会环境下，主体与客体、主体与社会环境、客体与社会环境之间相互作用的结果，互动因素影响着信任动机[106]。奥利维拉（Oliveira，2017）认为消费者特征（信任的立场和对网上购物的态度）、公司特征（声誉和品牌认知度）、网站基础设施特征（诚实性、隐私性、安全性、受欢迎程度）和交互（服务质量和客户满意度）是信任的主要来源，而影响消费者信任的三个维度是能力、正直和仁慈[126]。

现有文献中，网络初始信任的影响因素大多从主观和客观两个维度进行研究，也有文献考虑了互动因素，但主要从信息互动角度出发。本书中，移动社交初始信任的形成受移动社交互动的直接影响，在这一影响机制中，个体因素和网络环境因素等内外部情境因素起调节作用。

2.3.3　移动社交初始信任的评估

信任评估是基于信任的定义，综合构成信任的诸多基本要素，最后计算出实体应有的信任度[127]。信任是一个主观的、抽象的概念，所以不存在统一的信任度标准，根据信任的分类不同，度量方法也有所变化，例如，基于对他人可信度的估计和让他人受益的意愿[128]。在线信任研究中，目前最流行的度量方法是评估单个用户节点在整个网络中表现的全局信任度和对好友的局部信任度[129]。但是，信任的数值化和精确化仍未得到较好的解决，因此各种优秀的模型和算法也相继被提出。

在过去的社交网络推荐系统中，全局信任概念被广泛使用，全局信任模型大多利用其他节点的推荐信息来度量目标节点的信任度[130,131]。传统的用户信任度计算也大多通过交互或资源共享的历史行为来计算，其广泛应用于大型在线电子商务社区中，例如易贝（eBay）信誉模型[132]、亚马逊（Amazon）拍卖中的信誉模型[133]和新浪微博的阳光信用分的计算方法[134]都是采用把来自其他用户的评价数目简单相加的评价体系。但是，评价的内容和历史交易数据具有时效性，且过于单一的影响因素会使用户对合作节点可信性的判断不够准确，并不适合大规模的分布式的网络环境。王堃等（2010）以历史交易数据为基础，提出了一种由全局的服务信任值和请求信任值构成的信誉模型，并从信誉模型自身如何抵抗攻击进行分析，加强了模型的健壮性[135]。但是，模型没有考虑计算和存储信任信息的节点位置问题，适用于非结构化的 P2P 网络。周国强等（2012）认为推荐者的全局信任度决定其推荐证据的可信程度，不同推荐者的推荐证据共同确定被推荐实体的全局信任度[136]。张继东等（2017）认为目前移动社交网络中信任度的估量方法可分为声誉机制评测法和信任传播机制法两种，其信任度模型的构建融合了态度、行为、意志、诚信和责任信任的五个属性[137]。张纯彬等（2012）在根据价值量对节点所拥有的资源进行分类的基础上，提出一种综合考虑资源与节点声誉的信任管理模型[138]。该模型引入现实生活中"信任"的特点，将交易声誉分为资源声誉值和节点声誉值两部分，但是该模型无法全面映射网络社交中的信任关系，而以往交易经验和交易评价也仅是众多影响用户之间信任因素中的两个。虽然全局信任模型可以克服交互数据的稀疏性，但无法体现信任信息的多元性与个体差异性等特征，而局部信任模型可以有效地调和这一矛盾。

局部信任度可以有效体现信任信息的多元化和个体差异化等特征，当基于个人用户观点的使用时，本地信任指标比全局信任指标更准确[139]。王晋东等（2018）提出一种基于云模型服务属性加权的聚类方法，该方法通过基于服务聚类的加权 Pearson 相关系数法来计算用户信任评价相似度，结合用户服务选择指标权重计算用户相似度，选取最近邻居，并通过服务推荐信任度算法计算得到服务对于目标用户的推荐信任度[140]。该方法实际上是通过局部影响最大化的方法来评估用户间信任。海德曼等（Heidemann et al.，2012）描述了隐式社会行为图，并提出了一种初始化 ego-i 图的算法，该算法通过联系人级别、交互演化和用户属性计算基于组的信任值来对社会关系进行评级[141]。可以看出，仅依靠关系强度等单一指标进行的预测，其准确性必然会受到质疑。而通过多指标体系计算局部信任值的任务相对于计算全局信任指标而言，耗时又更长[142]，对直接交往历史数据也过于依赖，一旦缺失数据则无法有效判定没有直接联系用户的可信度及其推荐的可靠性，因此将全局信任与局部信任相结合，可以更好地评估节点间的信任关系[143]。吴旭（2014）认为任意节点的全局可信度由与之发生过交易行为的其他节点对它的局部信任度以及这些节点的全局可信度来计算[144]。陈婷等（2017）结合全局信任和局部信任，利用信任的传播性质对信任关系进行建模，其中，全局信任度由用户自身的诚信、能力等素质决定，而局部信任度由节点间的亲密程度决定[145]。蒋黎明等（2015）提出一种基于本地交易记录和推荐信任信息的组信任度量模型 SEGTM，该模型认为除服务信任度和反馈信任度构成的节点局部信任度之外，还需要节点的推荐信任度来划分同组及跨组节点间的信任关系，并计算节点信任度[146]。而考虑显性关系和隐性关系、全局和局部信任信息的方法可以更好地将类似的用户、资源和社交网络推荐给其他用户[147]。因此，结合全局信任和局部信任来计算用户社交信任度的思维可以提高信任关系评估的有效性和准确性。

随着移动社交网络的进一步发展，通过采集大规模数据挖掘节点间信任关系的思维又拓展了社交用户信任的研究。社交信任本质上是基于用户间社交互动的可传递的信念[148]，而移动社交网络就是用信息化的手段将物理世界的社交活动映射到虚拟空间的网络上[149]，所以通过信息技术获取和分析社交互动行为是解决信任问题的有效方法。通过监测和分析交互数据，信任关系可以自行推断[150]，非常适合于在有数千个快速变化的网络成员、具有短时间内运行的互联的复杂网络[151]。张晓伟（2014）利用数据挖掘中的分类方法对群体进行分类，然后通过消息发布者与消息接收者之间的历史交互记录，计算个体之间的信任度[152]。在模型中，信任被定义为消息接收者对于消息发布者发布或者转发的消息，相信并转发该消息的可能性。但是在移动社交活动中，社交互动不仅包括信息互动行为，还包括社交用户对信息发布者的观点、情感等关系互动行为，因此在评估用户间信任时，需要全面考虑社交关系互动和信息互动两个方面的影响因素。例如，利用社会学和心理学等领域的信任产生原理，基于用户间人际关系的熟悉性以及相似性来计算信任度的方法，并根据所起作用的程度不同，可以把相似性划分为内部相似性和外部相似性[153]。在计算用户间的信任度时也可引入了用户上下文，包括用户间的消息交互频率、用户属性、用户的偏好信息、用户的社会关系网络、好友的评价信息等上下文信息，此类模型涉及了许多社交互动行为，但是对于信息互动和信息本身的价值方面考虑不足。张继东等（2017）通过采集微博网络用户个人行为和用户朋友的行为数据，在考虑每项互动所占权重的基础上，提出了一种计算移动社交平台中用户信任度的算法[9]。该文献采集的社交活动数据比较全面，也考虑到每项活动对用户信任度的贡献程度有差异，但是文中没有给出权重的计算方法，没有对模型的实现算法进行具体描述，也没有利用获取的数据对微博网络社交用户信任度进行分析。

通过对现有文献的梳理可以发现，采集大规模的移动社交行为数据，提取移动社交活动，获取全局信任信息和局部信任信息，将有助于分析移动社交互动行为及特征，有助于识别、量化和评估没有直接交互历史的移动社交用户之间的初始信任关系。

此外，在移动社交互动影响网络消费的研究中，移动社交网络分析是这一传导机制是否得以有效发挥的前提。

2.4　移动社交网络概论

社交网络分析是以社会行动者之间的互动为研究基础，用点表示社会行动者，点与点之间的连线表示行动者之间的社交关系，从而对这些社交关系进行分析的一种方法[154]。早期，研究人员一般关注社交网络本身，通过构建符合社交网络的信息传播模型，揭示其特性和特点。研究者通过实证分析多种在线社会网络的拓扑结构，对社交网络的基本结构进行了归纳和抽象：社交网络介于规则网络与随机网络之间，具有无标度[155]、小世界[156、157]、层次性[158]和社团结构[159]等共性。同时发现，传染病在基于小世界现象的网络中传播更为快速[156]。随着互联网络技术和社交应用平台的不断发展，越来越多的人运用移动网络进行信息的获取、沟通和分享。因此，另一部分研究者开始将研究重点转向社交网络中人际关系的构成和区分上，例如，可以从人际关系的角度出发，引入社区结构，从而发现社交网络中人们所形成的社区，进而研究社区形成的过程和特点[159]。

因此，社交网络分析在于揭示人际互动的模式，通过描述和测量行动者之间的关系，以及借助这些关系流动的各种有形或无形的东西，如信息、资源等，来分析个人的重要特征，而移动社交网络的研究热点逐步转向网络中人际关系的构成与区分，研究问题也逐步从一般用户行为过渡到舆论领袖行为，又深入用户行为背后的动机本质研究[160]。数据库存储能力的提高使得大规模移动社交数据的获得成为可能，计算能力的提升又为深入研究人们的现实行为特征提供了条件。

2.4.1 移动社交网络建模

移动社交网络的网络结构和用户行为研究日益增多[161]，移动社交网络建模是形式化表达社会行动者之间关系，建立用户在虚拟世界行为与物理世界活动之间映射关系的重要基础。段庆锋和冯珍（2019）在学术差异、多维同配等外生因素和内生结构效应的基础上，构建了学术社交网络模型，以揭示学术社交网络的形成机制[155]。杨善林等（2015）指出社交网络建模应关注用户线上线下行为的一致性、群体行为的相互影响及其共振效应、发布谣言等恶意或负面信息的行为动机以及政府监管政策与社交网络用户行为之间的相互影响关系等方面的研究工作[162]，拓展了本书的研究思路。

移动社交网络建模是形式化表达社会行动者之间关系，建立用户在虚拟世界行为与物理世界活动之间映射关系[163]的重要基础。因此，要理解网络结构与社交行为之间的关系，在线社会网络拓扑结构需要引起关注[164]，而建模是分析和研究系统行为与结构、揭示系统运行过程与规律的重要手段[165]。许进等（2015）指出社交网络在不同层面具有不同的结构特征，而这些结构特性可以揭示社交网络的基本属性、社交关系的本质等特征[166]。

胡海波等（2008）综述了使用复杂网络理论针对在线社会网络的实证研究内容，尤其对比了不同类型在线网络的度分布、簇系数分布和最短路径长度分布等网络拓扑结构性质，解释了在线网络异配性质的产生原因[167]。徐恪等（2014）从网络测量的角度对在线社会网络的网络结构和演化特征进行研究，总结了常见的在线社会网络测量方法和典型网络拓扑参数，并着重介绍用户行为对网络结构的影响[168]。杜尔等（Durr et al.，2012）基于交互时序图对社交网络进行了建模[169]。娄和唐（Lou & Tang，2013）利用网络的结构洞特征对信息传播网络进行了建模[170]。成俊会和赵金楼（2015）基于信息风险感知研究舆情传播的社交网络模型[171]。耿瑞彬（2017）将营销领域的客户生命价值理论引入用户持续使用行为的研究中，对社交网络用户的真实使用行为数据进行实证建模[172]。李倩倩和顾基发（2015）基于节点威望和节点相似性这两个驱动在线社交网络连接形成的潜在机制，构建在线社交网络模型[173]。

节点分布广泛、呈动态性，信息呈即时性、碎片性的移动社交网络，用户信息互动和关系互动不断地产生和演变，对网络结构产生影响，导致网络结构发生变化，这给信息交互分析和互动关系评估提出了新的挑战，影响了现有模型的准确性。

2.4.2　信息传播规律

移动社交网络中，有效识别信息传播规律是分析和预测用户信息交互行为的基础[174]。学者们采用不同的理论来研究信息传播，如基于交互信息的用户行为研究、基于疾病传播的信息舆情研究、基于图论和物理学的信息传播研究等，希望探讨出更符合真实世界中社交网络的信息传播特性[175]。例如，可以通过借鉴流行病传播模型和独立级联模型，从宏观话题传播、微观个体交互维度对博客网络中信息传播规律进行实证，并解释话题在博客用户个体交互中的传播机制[174]。许晓东等（2011）基于 SIR 模型研究微博网络中谣言的传播机制，并分析了传染率和网络拓扑结构对谣言传播的影响[176]。社会组织环境对人们信息传播的速度和范围都有着显著影响，一些研究在发现信息传播的广度、速度和持续度的影响因素方面有所建树[177、178]。社会关系和信息内容对信息传播的作用显著，流行度高的图片传播时间更快更久[179]，集群结构网络比随机连接结构网络中传播得更快更广[180]。张鑫（2017）提出了基于信息流行度和用户关系的双层动态网络信息传播模型，用于在线社交网络的信息传播描述和预测[181]。韩少春（2016）基于社交网络信息传播过程、信息传播的相互影响和竞争现象、社交网络中核心节点发现模型和用户行为特性，探索抑制和推进信息传播的影响因素，从而建立信息传播模型[182]。

移动社交网络环境下的信息传播具有即时性、碎片性和动态性，传播广度、速度和效率都有极大提高，所以移动社交网络中信息的传播与形成是一个典型的复杂系统的演化过程，需要将用户之间的相互作用和网络结构进行综合考虑才能更准确地描述信息在移动网络中的传播，其中存在着许多影响传播过程的不确定因素，因此上述这些模型还有进一步的改善空间。

2.4.3 网络中心性

移动社交网络是随着时间发生变化的，所谓的"动态网络"或"进化网络"问题[183]。也就是说，动态网络的关键节点是随着时间和位置在不断发生变化的，如何快速有效地识别复杂动态网络中的关键节点，是对现行数值算法的一个巨大挑战。移动社交网络中，不同社交个体呈现出不同的角色，可根据用户间交互程度来定义[184]，这些角色可看作对用户位置、行为或虚拟身份的刻画[185]。核心人物的评价方法可以分为两类，一类是对信息传播有推动作用的核心人物集，另一类是对网络的分裂瓦解具有最佳效果的核心人物集[186]。赵卫东等（2015）为了区分网民对信息的不同反应，将参与者分为意见领袖、跟随者、控制者和旁观者四种角色[187]。在社交关系互动和信息交互过程中，移动社交用户通常表现出不同的特征，识别其中的关键节点用户，有助于了解移动社交网络的结构，以及社交用户的信息交互和关系互动。在移动社交网络中，关键节点用户，如意见领袖，被认为在信息交互和关系互动中扮演了重要的角色，拥有声誉度高和被信任程度高等特征，负责舆情的扩散与传播，支配和引导群体参与者，在关系互动和信息传播中起到核心作用。魏建良和朱庆华（2019）认为社交网络交流环境日益复杂化，随着争议信息的出现，超级用户发声、精英用户沉默、普通用户跟随成为一种日渐容易发生的现象[188]。张树森等（2017）通过对影响者、意见领袖和专家等角色识别方法的归纳和总结，指出角色的识别方法主要有网络结构、影响力分析和社交关系强度计算[185]。雅各比等（Yakoubi et al.，2014）采用了基于聚类的技术，利用核心用户的社交特性，从大规模复杂社交网络中发现相关的主题社区[189]。刘志明等（2011）等从个体影响力和个体活跃度两个角度考虑，构建了微博意见领袖指标体系，提出了使用层次分析法和粗糙集决策理论对意见领袖特征进行识别和分析的理论框架[190]。社交网络中的影响者角色可以采用时变因子图对社交网络的活动进行建模来研究[191]。张等（Zhang et al.，2013）将关系强度的有效性作为影响者角色的识别标准，并得出通过强连接个体数对影响者角色识别要优于其他连接的度[192]。吴信东等（2014）从网络拓扑、个体行为和交互信息三个方面讨论了影响力分析的建模和度量方法，介绍了与影响力传播密切相关的意见领袖识别的研究现状[184]。

网络中心性研究是对复杂网络集中性属性的分析，评估结果可以反映出网络中节点或边在网络资源获取及资源管理方面的重要程度，同时也反映出整个网络的运行态势[193]。在移动社交网络中，社交信任度高的节点往往在信息的扩散、社交个体决策和社交关系互动等过程中具有重要影响力。同时，社交个体也依据自身属性和特征向信任度高的节点聚集。所以，关键节点发现对理解网络结构、研究用户社交互动和计算社交信任度具有重要意义。

关键节点发现是一个非常重要的研究领域，它对理解网络结构和研究用户关系互动具有重要意义。但是，现有识别关键节点的研究中，无论是分析个体的中心性测量指标，还是分析个体的社交影响力以及社交关系强度等特征，本质上还是应用信息传播的理论和方法，并不能直接应用于动态网络关键节点及其属性的识别。因此，对于关键节点的识别要建立在移动社交活动发现与量化计算的基础上，融合舆情信息交互与社交关系互动的时空特征，分析个体的影响力、移动社交网络节点的出入度和社交关系强度等节点属性，为研究用户信任和网络消费奠定基石。

通过对文献的梳理与分析可以发现，现有研究在社交互动、网络消费、在线初始信任和移动社交网络等方面各取得了许多有价值的研究成果，为本书提供了有益的研究思路。尽管如此，已有研究仍存在一些不足，主要体现在以下几个方面。

（1）在社会化商务环境下网络消费的研究中，大部分沿袭了在线购买意愿的研究范式，忽视了移动社交网络存在的价值所在，社交互动。移动社交互动已成为影响网络消费的关键因素，而少量涉及社交互动的文献也主要以信息互动为主，忽略了表达用户对信息发布者的情绪、意见和情感等的关系互动。因此，对利用具有时效性的评价内容和历史交易数据等指标信息来寻找网络消费影响因素的文献较多，而从信息互动和关系互动两个维度着手研究网络消费，鲜少见到相关文献的报道。

（2）在移动社交初始信任的研究中，虽然有些研究已考虑到信任具有领域相关性，在不同的交易环境下研究信任，其本质、基本构成和前因等方面会有不同，尤其网络环境带来的基于系统依赖的不确定性和拥有大量潜在朋友的网络社交的复杂性，使得原有的信任分类出现了不再适用或产生变化的情况。因此，需要在有效提取移动社交互动和网络结构等特征的基础上，综合考虑社交用户的个体属性和网络环境等特征才能更全面地分析移动社交初始信任的形成机理。

（3）评估没有直接交互历史的移动社交用户间的信任关系时，已有文献发现结合全局信任和局部信任信息的模型，可以规避利用交互或资源共享的历史行为计算信任度时的准确性缺陷，也可以解决局部信任计算时对评估有效性的质疑。但是，在移动社交网络情境下，社交信任是基于用户间社交互动的可传递的信念，用户信息互动和关系互动不断地产生和演变，网络结构也不断地发生变化，而现有模型和算法对移动社交互动内涵和网络结构特征的提取，以及对全面映射网络社交中信任关系的研究还有待完善，影响了现有信任评估模型和算法的准确性。

（4）现有的移动社交网络研究中，无论是分析个体的中心性测量指标，还是分析个体的社交影响力和社交关系强度等特征，较多地停留在信息传播的理论和方法层面。然而，在移动社交网络中，社交活动是基于符号资本和情感资本的动态互动而产生的一系列活动的集合，不仅包括即时性信息交互行为，还包括社交用户对信息发布者的观点等关系互动，需要综合考虑这些特征才能建立起映射用户信任关系的移动社交网络。这些不足之处为本书的研究留下了宝贵的切入点。

综上所述，本书拟从信息互动和关系互动两个维度来全面分析移动社交互动行为，利用信息技术介入，从真实移动社交数据中提取和量化社交互动行为，结合全局信任和局部信任的思想，综合考虑信息互动、关系互动和网络结构等特征，通过识别和评估没有直接交互历史的移动社交用户之间的信任关系来研究移动社交互动的构成要素，探讨移动社交初始信任的形成机理，最终以移动社交初始信任为中介，构建移动社交互动对网络消费的影响机制。

2.5　本章小结

总结与归纳现有相关理论和概念，尝试提出新概念、新范畴、新维度，是充分讲好中国故事，鲜明展示中国故事背后规律与机制的必要条件。本章综述了社交互动的概念和内涵、基本特征和分类，界定了移动社交互动的概念；归纳了网络消费的影响因素，说明了移动社交互动与网络消费之间的关系，以及信任在此关系中所起的作用；界定了移动社交初始信任的概念，提炼了移动社交初始信任的影响因素以及没有直接交互历史的移动社交用户之间信任的评估方法；总结了移动社交网络建模、信息传播规律识别和网络中心性发现等社会网络分析方法。

3

利用信息技术介入的移动
社交互动构成要素挖掘

　　移动互联网、大数据、人工智能等新一代信息技术深刻改变企业的商业环境，要讲好移动社交里的中国故事，提出中国方案需要融合多种技术方法，挖掘独特情境变量，展示出中国故事背后的规律与机制。根据前文对移动社交互动和移动社交初始信任等概念的分析，本章将结合网络结构、社交互动内容及特征来量化移动社交互动。利用信息技术介入，采集并分析能够完整描述移动社交用户之间真实社交活动的移动社交数据，然后从关系互动和信息互动两个维度出发，识别没有直接交互历史的移动社交用户之间的信任关系，评估移动社交初始信任，从而研究移动社交互动的构成要素。

　　以移动社交网络为代表的复杂网络已遍布人类经济和政治生活的各个领域。社交网络在不同层面具有不同的结构特征，而这些结构特性可以揭示社交网络的基本属性和社交关系的本质特征[194]，要理解网络结构与社交行为之间的关系，在线社会网络拓扑结构需要引起关注[195]。而解决移动社交信任问题需要对各种人工和自然的复杂网络行为有更多、更好的认识[196]。移动社交网络建模是形式化表达社会行动者之间关系，建立用户在虚拟世界行为与物理世界活动之间映射关系的重要基础。在社交网络中，行动者的任何活动都不是孤立的，行动者之间所形成的关系纽带是信息和资源传递的渠道[197]。

为了便于研究，本书采用图论的方式表示社交网络，就是将现实世界中的网络体系，抽象成为数学图论中的节点和边，同时，将节点和边有机地连接并形成整体，构建出符合现实情境的数学模型。下面，我们对移动社交网络的几个重要的基本特性进行简要的介绍：

定义 1 对于给定的移动社交网络，用 $G = (V, E)$ 进行表示。

其中，$V = \{v_i \mid i = 1, 2, \cdots, n\}$ 是网络的节点集合，$|V| = n$ 是网络的规模，即网络节点的数量；$E = \{e_j \mid j = 1, 2, \cdots, m\}$ 是网络中边的集合，$|E| = m$ 是网络中总边数。

定义 2 与节点直接相连的点称为节点的邻居，邻居节点的数量称为节点的度。

为了便于计算以及更好地展现节点间的邻接关系，可以用一个邻接矩阵来表示网络：

$$A = \begin{bmatrix} a_{11}, & a_{12}, & a_{13}, & \cdots, & a_{1n} \\ a_{21}, & a_{22}, & a_{23}, & \cdots, & a_{2n} \\ \vdots, & \vdots, & \vdots, & \cdots, & \vdots \\ a_{n1}, & a_{n2}, & a_{n3}, & \cdots, & a_{nn} \end{bmatrix}$$

其中 $a_{ij} = 1$ 表示节点 i 和节点 j 之间有边相连，$a_{ij} = 0$ 表示节点 i 和节点 j 之间没有边相连。因此任意节点 i 度值可用式（3.1）得到。

$$D(i) = \sum_{j=1}^{n} a_{ij} \tag{3.1}$$

图 3 - 1 所示的是一个简单的社交网络，该网络包含了 8 个节点和 11 条边，边上的数值表示边的权重。节点 5 和节点 2、3、4、6、7、8 直接相连，因此节点 5 有 6 个邻居节点，即度值为 6。根据邻接矩阵的定义，则可以得到表示该网络邻接关系的邻接矩阵：

$$A = \begin{bmatrix} 0 & 1 & 0 & 0 & 0 & 0 & 0 & 0 \\ 1 & 0 & 1 & 0 & 1 & 0 & 0 & 0 \\ 0 & 1 & 0 & 0 & 1 & 0 & 0 & 0 \\ 0 & 0 & 0 & 0 & 1 & 0 & 0 & 0 \\ 0 & 1 & 1 & 1 & 0 & 1 & 1 & 1 \\ 0 & 0 & 0 & 0 & 1 & 0 & 1 & 1 \\ 0 & 0 & 0 & 0 & 1 & 1 & 0 & 1 \\ 0 & 0 & 0 & 0 & 1 & 1 & 1 & 0 \end{bmatrix}$$

进一步，可以得到网络的权值矩阵：

$$W = \begin{bmatrix} 0 & 2 & 0 & 0 & 0 & 0 & 0 & 0 \\ 2 & 0 & 2 & 0 & 2 & 0 & 0 & 0 \\ 0 & 2 & 0 & 0 & 3 & 0 & 0 & 0 \\ 0 & 0 & 0 & 0 & 3 & 0 & 0 & 0 \\ 0 & 2 & 3 & 3 & 0 & 5 & 5 & 2 \\ 0 & 0 & 0 & 0 & 5 & 0 & 3 & 3 \\ 0 & 0 & 0 & 0 & 5 & 3 & 0 & 2 \\ 0 & 0 & 0 & 0 & 2 & 3 & 2 & 0 \end{bmatrix}$$

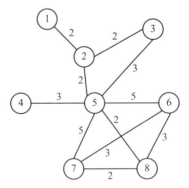

图 3-1　社交网络示意图

3.1 移动社交数据的采集与处理

移动社交网络可以记录用户的各种行为数据,这些数据将完整地描述用户的移动社交互动行为及特征。强弱关系并存的微博网络影响范围广,弱关系传递信息,而强关系则多引发行为,所以强弱关系并存的微博网络涵盖范围更广泛,对其用户行为的分析也更具普适性。

在采集移动社交数据时,本书基于 python 3.6,使用 mongodb 数据库,安装了 requests 和 pymongo 两个库,在 get_data. py 里更换有效的"TOKEN",于 2018 年 9 月 8 日 17 时至 2018 年 9 月 11 日 9 时接入新浪微博的开放接口,持续获取了基于时间和位置的用户个人属性和行为,以及用户朋友的行为等真实移动社交数据。获取的数据字段如表 3 - 1 所示,基本概括了微博里两个用户之间所有可能的社交行为,共抓取了热门微博话题 18 类、微博用户数 69 682 个、微博数 128 107 条。由于本书的研究对象为移动社交网络,所以通过 web 定义,筛出移动端数据,最终获取了移动端用户数 56 006 个,微博数 112 254 条。具体的数据采集方法、步骤、代码和获取内容详见附录 2。

表 3 - 1　　　　　　　　　　获取微博数据字段

主题	转发数量	微博 ID	转发 ID	用户 ID	点赞数量	微博内容	点赞 ID	创建时间
粉丝数量	好友数量	来源	评论数量	定位地点	评论 ID	认证情况	评论内容	图片 ID

在进行数据处理时,首先,编写程序,从 Json 数据中提取建立社交网络所需的数据字段。读取 Json 文件,并利用正则表达式去除数据中的特殊字符。其次,为提高算法执行效率,也便于后期的数据处理与分析,将微博数据按照主题进行分类,建立枚举类,并将数据分类存储。

再次，由于原始的微博数据包含了大量的无用数据，例如有些数据对应的微博转发量、评论数和点赞数等为零，它们在社交网络分析过程中起不到任何作用，而且这些无用数据会增加分析的数据量，降低分析的效率，所以需要将它们清理。最后，提取出边信息，利用 matlab 工具，对每一类边关系数据，建立各自的关系矩阵（带权邻接矩阵）。进一步地，利用 K - 核分解方法，把矩阵中与网络其他部分连接不紧密的小分支以及社交活动很少（度值为1）的"僵尸号"删除，最终得到了便于分析的移动社交数据。具体的数据处理方法、步骤和代码详见附录 2。

在计算过程中，涉及移动社交用户的隐私，所以在后台计算时，注意不泄露用户的资料以确保用户隐私的安全性。

3.2 移动社交网络结构建模

网络可以定义为一组节点通过各种链路互相链接，不同网络具有不同的拓扑结构。社交网络可以定义为一组用户通过不同的关系相互联系，比如相识、熟悉、信赖甚至厌恶等。信任是其中一种关系，是具有极大价值的资产。从互动内容、互动特征和社交关系等多个维度对社交互动行为进行刻画，构建移动社交网络模型，使其能够映射不同属性节点间的社交互动行为。社交用户个体作为社交活动的参与者，不同个体通常表现出不同的属性和特征。

相同社区内的节点联系比较紧密，不同社区间的联系比较稀疏[198]。本书在获取的热门话题中，选取了与网络购物联系紧密且用户数较多的"美食""美妆""时尚"三个话题的数据，并利用获取的数据构建各自的网络结构拓扑图，以便提取网络结构和移动社交互动行为等特征，为移动社交信任评估和移动社交互动的构成要素研究做充分的准备。其中，"美食"话题包括 7 789 个节点、20 989 条边，展示了 7 789 个移动端微博用户的互动关系，网络结构拓扑图见图 3 - 2。"美妆"网络包括

739 个节点、1 422 条边，展示了 739 个移动端微博用户的互动关系，网络结构拓扑图见图 3 - 4。"时尚"网络包括 5 970 个节点、13 668 条边，展示了 5 970 个移动端微博用户的互动关系，网络结构拓扑图见图 3 - 6。基于网络结构和社交互动行为等特征的分析结果，有以下几点发现：首先，在数据处理时发现，不同网络中的移动社交用户之间的联系较少，因此话题关注度和兴趣相似度极大程度上影响了用户之间的社交互动行为。其次，如图 3 - 2、图 3 - 4 和图 3 - 6 所示，在同一网络中，相同颜色节点用户之间的联系较紧密，不同颜色节点用户之间的联系较稀疏，这正体现了移动社交网络的集群特性[199]。最后，图 3 - 3、图 3 - 5 和图 3 - 7 展示了各网络的度分布图，其中横坐标表示节点用户的度值，纵坐标表示具有该度值的节点用户数。为便于观察，对横坐标进行 log 处理。可以发现，各网络中都只有极少数节点拥有很高的度值，服从复杂网络的幂律分布特性。这表明在新浪微博中，绝大多数用户的关注度很低，而数量相对较少的用户，其粉丝数量庞大，同时，具有高度值的节点，往往位于同一类节点的中心位置。因此，通过分析移动社交互动行为和特征，有效并准确地识别信任关系，挖掘出移动社交互动的构成要素对网络消费行为的研究意义重大。

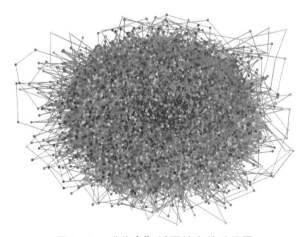

图 3 - 2　"美食"话题社交关系云图

注：本图彩页见全书末。

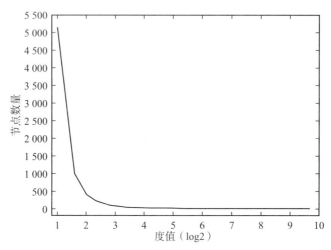

图 3 - 3 "美食"网络度分布示意图

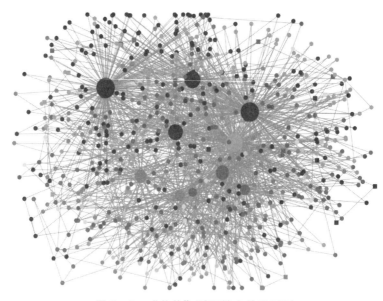

图 3 - 4 "美妆"话题社交关系云图

注：本图彩页见全书末。

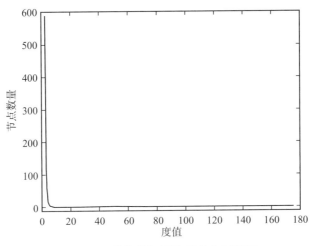

图 3-5 "美妆"网络度分布示意图

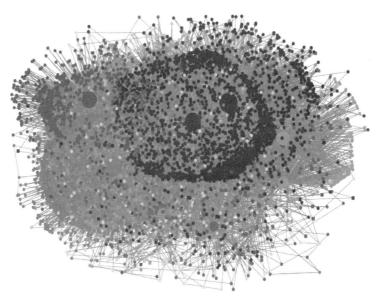

图 3-6 "时尚"话题社交关系云图

注：本图彩页见全书末。

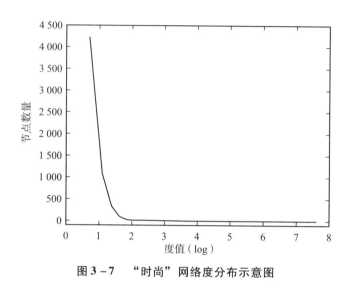

图 3-7 "时尚"网络度分布示意图

3.3 基于网络结构特征的移动社交互动行为分析

3.3.1 移动社交互动的维度界定

本书中，移动社交互动，是指在移动社交网络环境中，移动社交用户个体间或群体间通过获取信息、分享乐趣、相互交流和共享经验等社交互动，使节点用户之间产生相互作用或发生改变的过程，包括关系互动和信息互动两个维度。

通过提取和分析网络结构、社交互动内容及特征后发现，在移动社交网络中，关系互动体现了移动社交用户对信息发布者的观点和情感，是对信息发布者关注、点赞、评论、加好友、转发言论和成为粉丝等一系列社交活动的集合，可以通过社交关系强度和社交影响范围来量化。信息互动则体现了移动社交用户个体之间或群体之间，以发布、传递和获取信息为主要形式，分享事物、事件、经验和乐趣等一系列社交活动的集合，可以通过信息价值和信息传播控制力来量化。

3.3.2　社交关系强度

不同社交个体呈现出不同的角色，可根据用户间交互程度来定义[184]，即社会网络中用户之间的信任关系可以用链接关系的强弱来度量[200]。张树森（2017）等通过对影响者、意见领袖和专家等角色识别方法的归纳和总结，指出角色的识别方法主要有网络结构、影响力分析和社交关系强度计算[185]。

本书中，社交关系强度是指用户间点赞、评论和转发等一系列社交活动的集合。移动社交网络中，用户被看作网络中的节点，节点之间的边是用户之间的互动关系，社交关系强度体现了用户对某条信息的重视程度。转发某条信息说明用户非常认同信息的内容，且愿意主动扩散该信息；评论是对信息的内容有自己的思考和表达；点赞仅代表感兴趣或看法。因此，为便于计算，本书将转发、评论和点赞行为对应的边的权重设置为5、3、2。用户与其他用户社交互动越频繁，该用户社交关系强度的值就越高，对其他用户的影响力也越大，其信任度也就越大。在移动社交网络中，用户之间的社交关系强度表现为网络中两个节点之间边的权重，用户与其他用户之间的关系强度则可以用加权的度方法[201]来表示。即对于任意一个用户i，其社交关系强度可以定义为该用户和其所有关联的用户之间边的权值之和：

$$R(i) = \sum_{j \in \partial(i)} w_{ij} \tag{3.2}$$

式（3.2）中，$\partial(i)$是节点i直接关联的节点集合，w_{ij}是节点i和节点j之间的关系权重。以图3-1为例，节点5的社交关系强度为$R(5) = 2 + 3 + 3 + 5 + 5 + 2 = 20$，同理可以得到其他节点的社交关系强度，如表3-2所示。

表 3 - 2   节点的度值和社交关系强度比较

节点	1	2	3	4	5	6	7	8
度值	1	3	2	1	6	3	3	3
R	2	6	5	3	20	11	10	7

根据表 3 - 2 可知，节点 6、7、8 具有相同的度值，仅根据节点用户的度值，即邻居节点数量，无法区分它们的重要性，因此，本书引入社交关系强度来区分节点是合理的。

3.3.3 社交影响范围

社交影响范围体现了节点用户的影响力，可以通过用户的好友数量及特征量化获取。某节点被关注得越多、好友越多或是粉丝越多，表明其社交影响范围越大，节点影响力就越大，节点信任度也越大。同时，如果社交影响范围大的节点，其好友用户的影响力也大，那么该用户影响到的人群范围就更广。利用社交网络分析中的局部影响力评估方法[202]可以量化分析用户的社交影响范围。

用户的好友数量在网络中体现为节点的度值。通过计算多级邻居节点的度值之和，可以评估节点的局部影响力，即用户的社交影响范围。对于任意节点 i，其社交影响范围表示如下：

$$Q(j) = \sum_{w \in \Gamma(j)} D(w) \tag{3.3}$$

$$SL(i) = \sum_{j \in \Gamma(i)} Q(j) \tag{3.4}$$

式（3.3）中，$D(w)$ 是节点 w 的度值，$\Gamma(i)$ 和 $\Gamma(j)$ 分别表示节点 i 和节点 j 的邻居节点集合。以图 3 - 8 为例，节点 8 的社交影响范围 $SL(8) = Q(7) + Q(9) + Q(10)$。根据式（3.3）和式（3.4）可知，$Q(7) = D(6) + D(8) + D(10) = 13$，$Q(9) = D(8) = 3$，

$Q(10) = D(7) + D(8) + D(11) + D(12) + D(13) + D(14) = 18$，因此，

$SL(8) = 13 + 3 + 18 = 34$。同理，节点 4 的影响范围 $SL(4) = 3 + 3 + 5 = 11$。如图 3 – 8 所示，节点 4 和节点 8 的邻居节点数相同，但节点 8 连接的邻居节点更重要，如节点 10，因此节点 8 的社交影响范围更广，这与计算结果 $SL(8) > SL(4)$ 相符，因此采用社交影响范围来衡量节点影响力是合理的。

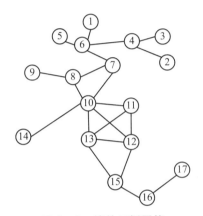

图 3 – 8　简单示例网络

3.3.4　信息价值

信息价值是体现节点用户之间信息互动的量化指标之一。有价值的信息才会在网络中流转，某用户发布信息的价值越高，被其他用户转发和传递的可能性越大，在网络中传播的范围就越广，也越容易影响到其他用户的行为。本书采用信息在网络中的传播范围来度量信息价值，SIR 模型[203]可以有效量化节点发布信息的传播范围。SIR 模型是一个经典的传染病模型。在社交网络研究中，通常将节点当作病毒传染源去感染其他节点，得到的传染范围可作为节点的重要性因素。SIR 模型将网络中的节点分为待感染节点—感染节点—治愈节点三类[203 – 205]。初始阶段，选取一个节点 S_i 作为感染源，其余节点为待感染节点；接下来每一步，感染节点以一定的概率去感染待感染节点，如果概率大于阈值 β 就感染成功；无论是否感染成功，感染节点在下一次迭代时都会成为治愈节点，治愈节点不会再被感染。当网络中不再存在感染节点时，迭代结束。此时，网络中的治愈节点数量 $\sigma(S_i)$ 就是节点 S_i 的重要度。通过设置不同的节点作为初始传播节点，可以得到所有节点的重要度 σ。由于节点感染下一个节点是有概率的，因此每次感染得到的重要度不一定相同，通常要进行多次模拟取平均值。

如图 3-9 所示，在 t 时刻，节点 10 为感染节点，节点 14 为治愈节点，其余节点为待感染节点，节点 10 以一定概率去感染其邻居节点。$t+1$ 时刻，节点 10 变成治愈节点，不会再感染其他节点，同时自身也不会再被感染。节点 7 和节点 13 称为新的感染节点，它们将继续感染其邻居节点中的待感染节点。重复这一过程，直到网络中不存在感染节点，迭代结束。此时，网络中的治愈节点数就是节点的影响力，即节点用户发布信息的价值。

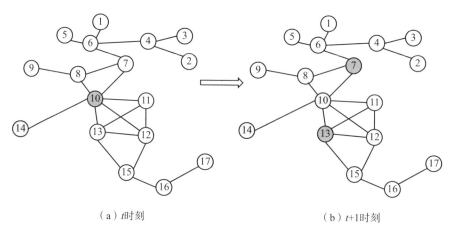

（a）t时刻　　　　　　　　　　　　　（b）$t+1$时刻

图 3-9　SIR 传播示意图

注：本图彩页见全书末。

3.3.5　信息传播控制力

信息传播控制力是节点用户之间信息互动的另一个量化指标。节点用户对信息传播的控制力是指信息通过该用户才能传播给其他用户的概率，体现了某节点用户在信息发布、传递和获取过程中的作用。社交网络节点重要性评估因素中的介数因素[206]能较好地评价节点用户的信息传播控制力，是信息传播控制力量化分析的重要手段。

介数因素由弗里曼（Freeman）于 1977 年在研究社会网络时提出，该因素是基于最短路径的节点重要性评估算法[207]。该方法认为网络中经过节点的最短路径越多，这个节点就越重要。对于网络中的任意节点 i，运用介数因素评估其重要性的方法为：

$$B(i) = \sum_{i \neq s, i \neq t, s \neq t,} \frac{g_{st}^{i}}{g_{st}} \tag{3.5}$$

其中，g_{st} 是节点 s 到节点 t 的最短路径数量，g_{st}^{i} 是节点 s 到节点 t 的所有最短路径中经过节点 i 的路径数量。介数因素体现了节点对网络信息传播的控制能力。如果网络的所有最短路径都不经过某节点，就说明不需要该节点信息也能高效传输；而如果所有最短路径都经过这个节点，那么该节点对信息传播起着至关重要的作用。

由介数因素的定义可知，以节点自身为起点或终点的最短路径是不包括在分子中的，因此度值为 1 的节点的介数为 0。这使得在某些特殊的处理中无法对其进行计算，因此，本书对介数因素做了一些改进，避免出现介数为 0 的情况。因此，本书对介数因素算法做出改进，改进的介数因素如下：

$$B(i) = \sum_{i \neq s, i \neq t, s \neq t,} \frac{g_{st}^{i} + 1}{g_{st} + n} \tag{3.6}$$

介数因素在识别信息传播的中介节点时效果很好，如图 3 - 10 所示，节点 6 的介数最大，其信息控制力最强，其次是节点 5 和节点 7。经过计算，各节点的介数因素值如表 3 - 3 所示，与图 3 - 10 所示规律相符。因此，信息传播控制力在识别中介节点时效果很好。

表 3 – 3　　　　　　　　　　　　　节点的介数因素值

节点	1	2	3	4	5	6	7	8	9	10
B	0.0064	0.0064	0.0064	0.0064	0.2229	0.5032	0.2229	0.0064	0.0064	0.0064

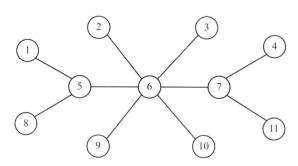

图 3 – 10　信息传播控制力示意图

3.4 基于信任度计算的移动社交互动的构成要素研究

3.4.1 信任度的量化

本书中，移动社交初始信任，是指强弱关系并存的移动社交网络中，在没有直接交互历史的移动社交用户之间，施信方通过被信方在整个网络中的表现、被信方与其好友的交互历史，即被信方与其他用户的关系互动信息和信息互动信息，对被信方可信赖的积极预期，并向其展示自己脆弱性的意愿。

移动社交网络中，节点用户之间的信任关系可以通过信任度或信任值来量化和评估，即用户信任度越高越容易被其他用户信任，该用户的推荐也越容易被其他用户接受，节点间信任的传递也主要是节点信任值的传递，信任值可以通过信任模型计算获得，即建立量化的评价体系来评估节点的可信程度。本书首先提取网络结构等特征，结合全局信任和局部信任的信息，考虑信息互动和关系互动两个维度的互动内容，即社交关系强度、社交影响范围、信息价值和信息传播控制力等要素，利用熵权法计算得到各要素对用户信任度的贡献程度，并对不同网络中各要素的贡献程度进行比较分析。假设 w_1、w_2、w_3、w_4 分别为社交关系强度、社交影响范围、信息价值和信息传播控制力对用户信任度的贡献程度，则对于任意节点用户 i，其用户信任度可以用式（3.7）表示。

$$Credibility(i) = w_1 \times R(i) + w_2 \times SL(i) + w_3 \times SIR(i) + w_4 \times B(i)$$

$$(3.7)$$

w_1、w_2、w_3、w_4 可通过熵权法计算获得。熵权法是一种客观计算各种排序影响因素权重的有效方法。熵是一种热力学概念，引入信息论领域成为信息熵，它可以用于描述信息的无序程度。熵权法就是利用信息熵对多种影响因素进行权重计算的方法[208,209]。

对于规模为 n 的网络，假设用 m 种影响因素对信任度进行排序，则可以得到一个 $m \times n$ 的评价矩阵：

$$R = \begin{bmatrix} r_{11}, & r_{12}, & \cdots, & r_{1n} \\ r_{21}, & r_{22}, & \cdots, & r_{2n} \\ \vdots, & \vdots, & \ddots, & \vdots \\ r_{m1}, & r_{m2}, & \cdots, & r_{mn} \end{bmatrix}$$

其中 r_{ij} 表示第 i 种影响因素的第 j 个节点的信任度值。先对 R 中的每一行进行归一化处理，然后计算第 i 种影响因素的信息熵 H_i，如式（3.8）和式（3.9）所示。

$$H_i = -\frac{1}{\ln n} \sum_{j=1}^{n} p_{ij} \ln p_{ij} \qquad (3.8)$$

$$p_{ij} = \frac{r_{ij}}{\sum_{k=1}^{n} r_{ik}} = r_{ij} \qquad (3.9)$$

影响因素的信息熵越小，表明该算法能提供更多用于评价的信息，在综合评价时，该因素能够起到更大的作用，应该被赋予更大的权值；相反，如果影响因素的信息熵较大，在综合评价时，该因素起到的作用就较小，则应该被赋予较小的权值。因此，第 i 种影响因素的权值表示如下：

$$w_i = \frac{1 - H_i}{\sum\limits_{j=1}^{m} (1 - H_j)} \tag{3.10}$$

3.4.2 计算结果分析

首先，各节点的社交关系强度值可以根据用户之间的关系权重计算得到，详见式（3.2）。其次，社交用户的社交影响范围可以通过式（3.3）和式（3.4）计算得到。另外，SIR 模型适用于计算节点发布信息的价值。本次实验中，SIR 模型的各个参数设置如下：感染概率 $\beta = 0.1$，治愈概率 $\mu = 0.005$。各个节点的影响力是经过 1 000 次模拟后取的平均值。最后，利用介数因素对社交关系云图中的节点进行信息传播控制力评估，算法详见式（3.6）。下列各图中，横坐标是节点，纵坐标是影响因素，为便于观察，对纵坐标进行了 log 处理。

3.4.2.1 "美食"网络中各要素的值

图 3－11 展示了新浪微博"美食"话题网络的关系强度分布，仅有少数节点的关系强度高，呈幂律分布特征。图 3－12 展示了微博"美食"网络的社交影响范围分布图，大部分节点的影响范围类似，影响范围极大或极小的节点均较少，呈正态分布特征。通过 SIR 仿真实验，得到微博社交网络中节点的信息价值分布，如图 3－13 所示。信息传播控制力分布图，如图 3－14 所示，大部分节点对信息的传播控制力类似，信息传播控制力极大或极小的节点均较少，呈正态分布特征。

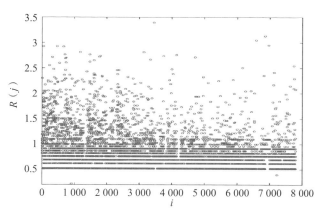

图 3 - 11　社交关系强度分布

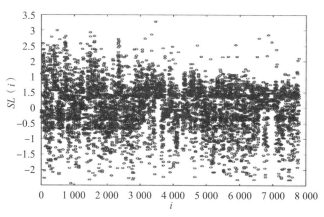

图 3 - 12　社交影响范围分布

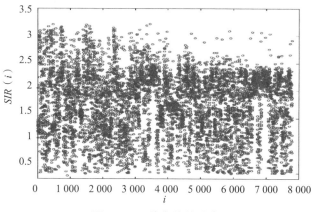

图 3 - 13　信息价值分布

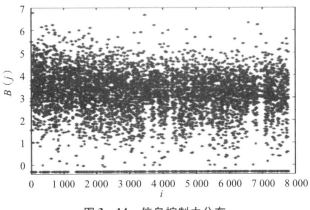

图 3 – 14　信息控制力分布

3.4.2.2　"美妆"网络中各要素的值

图 3 – 15 所示的"美妆"网络的关系强度分布图中，仅有少数节点的关系强度高，呈幂律分布特征。图 3 – 16 展示了"美妆"网络的社交影响范围分布图，大部分节点的影响范围类似，影响范围极大或极小的节点均较少，呈正态分布特征。通过 SIR 仿真实验可以得到节点的信息价值分布，如图 3 – 17 所示。图 3 – 18 展示了信息传播控制力分布图，大部分节点对信息的传播控制力类似，信息传播控制力极大或极小的节点均较少，呈正态分布特征。

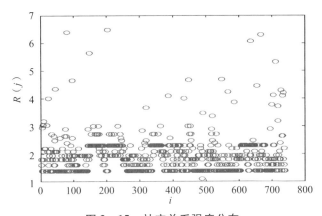

图 3 – 15　社交关系强度分布

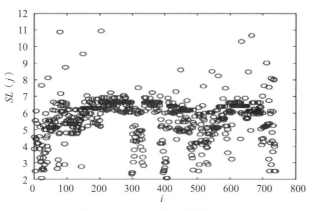

图 3-16 社交影响范围分布

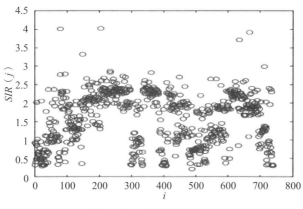

图 3-17 信息价值分布

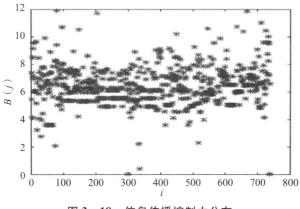

图 3-18 信息传播控制力分布

3.4.2.3 "时尚"网络中各要素的值

图 3-19 展示了新浪微博"时尚"话题中各节点的社交关系强度分布，少数节点社交关系强度高，大部分节点的社交关系强度较低，呈幂律分布特征。图 3-20 所示的"时尚"网络社交影响范围分布图，大部分节点的社交影响范围类似，影响范围极大或极小的节点均较少，基本呈正态分布特征。通过 SIR 仿真实验，得到"时尚"网络中节点的信息价值分布，如图 3-21 所示，其中，少数节点的信息价值明显高于其他节点，大部分节点的信息价值类似。图 3-22 展示了信息传播控制力的

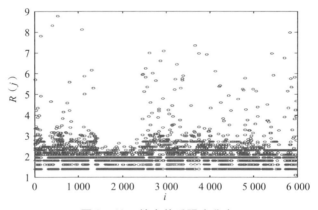

图 3-19 社交关系强度分布

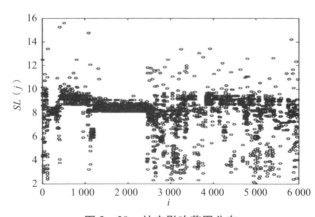

图 3-20 社交影响范围分布

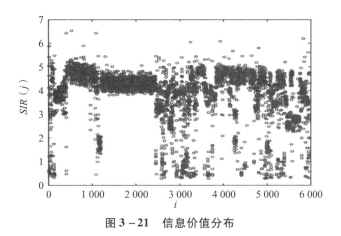

图 3 – 21　信息价值分布

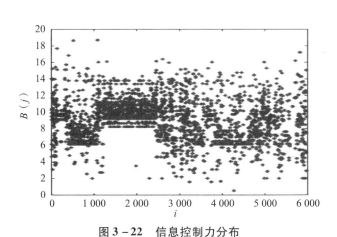

图 3 – 22　信息控制力分布

节点分布，大部分节点对信息的传播控制力类似，信息控制力极大或极小的节点均较少，呈正态分布特征。

3.4.2.4　各因素权重

移动社交互动的各构成要素对社交用户信任度均有影响，计算权重可以判断各要素对用户信任度的影响程度。熵权法通过评价影响因素之间的差异程度进行计算而得到权值，相比主观赋值的方法准确度更高、客观性更强。本书首先利用移动社交互动的四个构成要素的计算结果构造标准化矩阵 R，矩阵各行表示四种影响力标准化处理之后各节点的重要性值：

$$R = \begin{bmatrix} r_{11}, & r_{12}, & r_{13}, & \cdots, & r_{1n} \\ r_{21}, & r_{22}, & r_{23}, & \cdots, & r_{2n} \\ r_{31}, & r_{32}, & r_{33}, & \cdots, & r_{3n} \\ r_{41}, & r_{42}, & r_{43}, & \cdots, & r_{4n} \end{bmatrix}$$

然后根据式（3.11）计算不同要素的信息熵：

$$H_i = -\frac{1}{\ln n}\sum_{j=1}^{n} r_{ij}\ln r_{ij}, i=1, 2, 3, 4。 \tag{3.11}$$

最后根据信息熵计算不同影响力的权重：

$$w_i = \frac{1-H_i}{4-\sum_{i=1}^{2}H_i}, i=1, 2, 3, 4。 \tag{3.12}$$

经过熵权法计算，各网络中四个要素所占权重如表3-4所示。

表3-4　各网络中移动社交互动的四个要素对移动社交用户信任度的影响程度

网络	社交关系强度（R）	社交影响范围（SL）	信息价值（SIR）	信息传播控制力（B）
美食	0.1969	0.2439	0.1119	0.4474
美妆	0.2398	0.3172	0.0485	0.3946
时尚	0.2273	0.2409	0.0277	0.5042

3.4.2.5　用户信任度

将权重结果代入式（3.7），通过计算可以分别得到"美食""美妆""时尚"网络中每个移动社交用户的信任度。表3-5至表3-7分别展示了三个网络中，社交关系强度、社交影响范围、信息价值、信息传播控制力和用户信任度排名前十的节点。

表 3 – 5　　　　　"美食"网络不同影响因素排名前十的节点

指标	1	2	3	4	5	6	7	8	9	10
R	3 459	6 857	6 574	6 964	472	53	664	1 181	3 140	700
SL	3 459	472	1 481	3 349	6 857	1 600	739	1 478	321	700
SIR	3 459	472	1 481	3 349	1 600	321	739	1 478	700	2 324
B	53	3 459	6 574	6 857	664	3 745	472	321	1 812	491
Credibility	3 459	53	6 574	6 857	472	664	3 745	321	1 481	1 812

表 3 – 6　　　　　"美妆"网络不同影响因素排名前十的节点

指标	1	2	3	4	5	6	7	8	9	10
SR	204	79	667	635	148	712	546	448	95	655
SI	204	79	667	635	148	712	95	448	546	655
SIR	204	79	667	635	148	712	233	362	234	95
B	79	667	204	712	635	95	546	148	727	655
Credibility	79	204	667	635	148	712	95	546	655	448

表 3 – 7　　　　　"时尚"网络不同影响因素排名前十的节点

指标	1	2	3	4	5	6	7	8	9	10
R	529	413	1 093	5 828	130	3 660	2 933	2 609	3 753	5 408
SL	529	413	1 093	5 828	3 922	130	3 239	3 660	3 753	5 408
SIR	529	413	1 093	5 828	3 922	3 239	808	5	4 807	4 213
B	1 093	529	130	5 828	413	2 609	5 711	2 457	1 311	1 099
Credibility	529	1 093	413	130	5 828	2 609	3 753	5 711	3 660	2 457

图 3 – 23 至图 3 – 25 分别展示了在统一尺度下,单一影响因素和混合影响因素使用时移动社交用户信任度的分布情况。

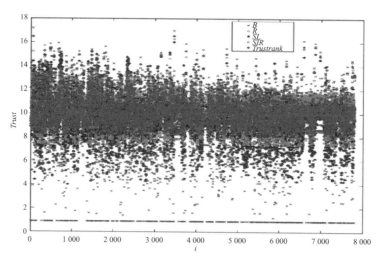

图 3 - 23　"美食"网络用户信任度分布对比

注：本图彩页见全书末。

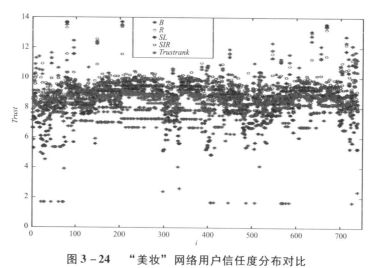

图 3 - 24　"美妆"网络用户信任度分布对比

注：本图彩页见全书末。

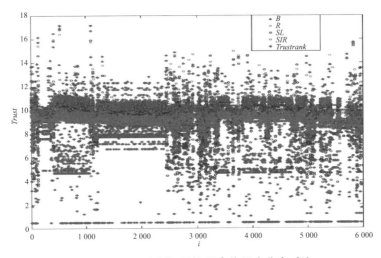

图 3 - 25　"时尚"网络用户信任度分布对比

注：本图彩页见全书末。

3.5　结 果 讨 论

（1）评估移动社交用户初始信任度和研究移动社交互动的构成要素对移动社交营销的开展意义重大。从各要素的节点分布图可以看出，仅有少数节点与其他用户的社交关系强度高。社交影响范围极广或极弱，以及对信息传播控制力极大或极小的节点均较少。另外，强弱关系并存的微博网络中，信息量虽庞大，但无价值信息居多。因此评估用户信任对可信节点或信息的识别，意义重大。

（2）由于不同网络呈现不同的结构特征，单个移动社交互动的要素在不同网络中的权重大小不同，即其对用户信任度的影响程度不同。"时尚"网络中，由于信息传播控制力在用户信任度中所占的权值比其他三个影响因素的权值之和还大，所以信息传播控制力对用户信任度拥有绝对的影响力。在排名前十的节点中，节点 529、413、1 093、5 828 在社交关系强度、社交影响范围、信息价值等要素下的排序相同，但在信息传播控制力中的排序不同。但是，由于信息传播控制力在用户信任度中所占的权值比其他三个要素的权值之和还大，所以这几个节点最终的用户信任度排序受信息传播控制力的影响较大，最终排序结果发生了较大改变。因此，信息传播控制力作为权值较大的影响因素对节点的用户信任度排序的影响较大；"美妆"网络中，信息传播控制力与社交影响范围对用户信任度的影响程度相近，其他三个要素权值之和远大于信息传播控制力的权值，因此其他三个要素的权值之和大的节点用户，其用户信任度也较大。用户信任度较大的节点少，其中，节点204、79、667、635、148和712在要素社交关系强度、社交影响范围和信息价值中排序相同，但在要素信息传播控制力中的排序不同。由于社交关系强度、社交影响范围和信息价值的权重之和比信息传播控制力的权重大，三个要素之和对用户信任度的影响也较大，所以这几个节点用户信任度排序和要素社交关系强度、社交影响范围和信息价值类似。剩余节点在各个要素中的排序不尽相同，因而这些节点的用户信任度受权重较大的要素的影响较大；"美食"网络中，其他三个影响因素权值之和稍大于信息传播控制力的权值，因此信息传播控制力对用户信任度的影响显著。用户信任度较大的节点少，其中，四个移动社交互动构成的要素值都较大的节点，其用户信任度也较大，如节点3 459；四个要素中，信息控制力对用户信任度的贡献相对较大，如节点53在另外三个要素中的排名不高，但用户信任度仍较大，而节点700虽在另外三个要素的排名中靠前，但由于其信息控制力相对较小，其用户信任度不在前十。

（3）评估移动社交初始信任以及预测行为特征时，需要系统地分析移动社交互动行为，结合网络结构、社交互动内容及特征，从关系互动和信息互动两个维度来量化移动社交互动。从不同移动社交互动构成要素视角下节点用户信任度的排名和各网络信任度分布对比图均可以看出，评估节点的信任度时，如果仅仅依靠单一的移动社交互动要素，将会出现较大偏差。虽然不同移动社交网络呈现不同的结构特征，单个要素在不同网络中的权重大小也不同，即各要素对用户信任度的影响程度不同，但是通过对比几个话题网络的结构特征可以看出，社交关系强度、社交影响范围、信息价值、信息传播控制力都很好地诠释了移动社交互动行为，这四个要素对移动社交初始信任均有显著的影响，为后续移动社交互动影响网络消费的分析奠定基石。所以出于准确性的考虑，从关系互动和信息互动两维度分析移动社交互动构成要素的方法具有合理性。

3.6 本章小结

健全的消费领域信用体系是消费生态的重要支撑，然而，在去中心化的虚拟移动社交空间中，弱连接可以有效拓宽信息传播范围，但爆炸式增长的海量信息会导致用户需求与复杂数据资源之间矛盾重重，而各种网络失信行为也使得社会交互和决策过程面临潜在的风险。因此，利用信息技术剖析移动互动行为的内涵和构成要素，发现移动社交互动行为的规律和特征，分析其与移动社交信任之间的逻辑关系，有助于营造放心的网络消费市场环境，推动新型消费模式健康发展。

本章首先利用信息技术介入，采集强弱关系并存的新浪微博网络数据，选取了与网络购物联系紧密且用户数较多的"美食""美妆""时尚"三组话题的移动端数据，数据基本概括了在新浪微博里两个用户之间所有可能的社交行为。对获取的数据进行处理，得到便于分析的移动社交数据。其次，构建移动社交网络结构模型，基于网络结构特征分析了移动社交互动行为及特征。再次，结合网络结构、移动社交互动内容及特征，界定了关系互动和信息互动的内涵，并通过社交关系强度和社交影响范围来量化关系互动，通过信息价值和信息传播控制力来量化信息互动。最后，从关系互动和信息互动两个维度出发，开发了移动社交初始信任度算法，对比单要素视角和多要素视角下移动社交互动对用户信任度的影响和作用发现，社交关系强度、社交影响范围、信息价值和信息传播控制力很好地诠释了移动社交互动的行为及特征，是移动社交互动的关键构成要素。

基于信任理论的移动社交互动
影响网络消费的概念模型构建

　　讲好中国故事及其背后的规律与机制，需要坚持辩证唯物主义和历史唯物主义的方法论，既充分借鉴吸收西方现代管理科学的有益研究方法，又立足中国现实与研究需要，需要探索多学科研究方法的交叉、融合与创新，阐释相关概念之间的逻辑关系，更需要打造融通中外的新概念、新范畴、新理论。鉴于此，本章将利用前文对网络消费相关理论和模型的分析结果，结合对移动社交互动内涵、特征和构成要素的研究结果，基于有关信任研究的现有理论和模型，界定新概念、提出新假设，并构建移动社交互动对网络消费影响机制的理论模型，为进一步展开移动社交互动影响网络消费的实证研究和内外部情境因素发挥的调节作用研究奠定了理论基础。

4.1　理论基础

4.1.1　信任的理论模型

　　关于初始信任的维度划分，现有研究多采用以下三类：杰弗里等

（Jeffrey et al. ）的基于能力的信任（competence trust）、基于诚实的信任（integrity trust）和基于直觉的信任（Intuitive trust）三维度概念框架[55]；包括能力信任和善意信任二维度概念框架[210]；迈耶等（Mayer et al. , 1995）界定的对他人的正直、善意和能力的信念，其中，能力是指个人拥有的在特定领域内具有影响他人的技巧或才干，善意是认为他人能够关心或维护受信方的期望；正直是指对他人能够以诚实或一系列原则的可接受的标准行动的期望[211]。如图 4 - 1 所示，施信方基于对被信方特征的评估，考虑到关系中需要承担的风险后，实施行为结果，其中信任方的信任倾向在信任形成过程中起调节作用。本书采用迈耶等（1995）的概念界定方法。

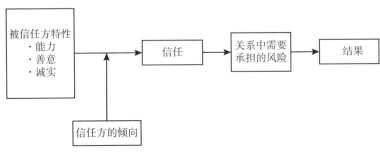

图 4 - 1　迈耶等的信任模型

于建红（2007）在对网上信任研究的基础之上，认为研究主要集中在网上信任的前因、网上信任和网上信任产生的结果及三者之间的相互关系，如图 4 - 2 所示。前因是指影响信任形成的因素；能力、善意、诚实和可预见性是网上信任的表现因子，用来衡量信任的总体水平；信任产生的结果，是指与信任相关的网上行为，有多种表现形式，包括信息共享、购买、消费者的满意度和重复购买等。信任前因、信任和信任结果之间是因果关系，即信任前因影响了信任的建立和维持，信任又影响了消费者的网络行为[212]。

图 4 - 2　于建红的网上信任研究的拓扑模型

鲁耀斌和董圆圆（2005）从影响信任的因素之中提炼出包括网站声誉、信任倾向、消费安全性以及国家相关法律法规在内的四个最重要的因素构建了一个信任模型[213]。如图 4 - 3 所示，四个实体构成了电子商务中信任体系的三个部分：信任方（买方）、被信任方（卖方）和环境（技术和第三方），该体系用消费者行为维、制度维、信息维、产品维、交易维和技术维六个维度来描述信任，并通过信任体系和维度的建立来研究消费者信任以及消费者购买。

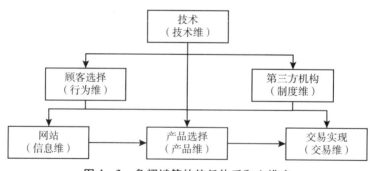

图 4 - 3　鲁耀斌等的信任体系和六维度

4.1.2　初始信任的理论模型

迈克奈特等（McKnight et al. ，1998）认为初始信任包括信任信念和信任意图两个维度，其中信任信念包括对善意、能力、正直和可预测性的信任。其中，信任倾向包括信任立场和对人性的信任，认知过程包括分类过程和控制过程，制度信任包括结构性保证信念和情境性保证信念。信任倾向通过结构性保证信念直接正向影响初始信任，其中信任立场直接正向影响信任意图，而对人性的信任直接影响信任信念；制度信任对初始信任有直接的正向影响；而分类过程对信任信念有直接的正向影响，控制过程在信任信念的形成过程中起调节作用[79]，详见图4－4。迈克奈特等（2002）又通过实验发现，商家的声誉、网站质量、结构性保证（结构性保证主要指基于组织的规则，比如合同、规章和保证等）决定消费者对商家的初始信任；信任包括两个维度：依靠的意愿、信任信念（包含对正直、仁爱心、能力、可预测性的信任）；信任的结果包括听从建议、与商家共享个人信息、购买的动机等[89]。

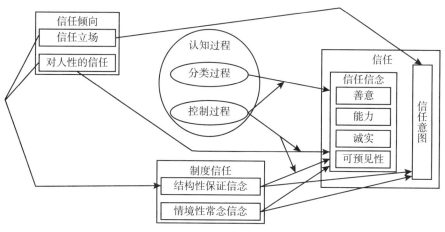

图4－4 迈克奈特等的初始信任模型

鲁耀斌和周涛（2005）在对电子商务信任模型框架进行整理分析之后，提出B2C环境下消费者网上初始信任模型[86]。如图4－5所示，商家信誉、网站安全、消费者信任倾向对消费者初始信任有显著影响，网站易用性通过网站有用性影响消费者初始信任的建立，而消费者初始信任直接正向影响消费者的购买动机。

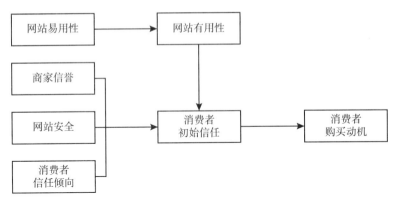

图 4 - 5　鲁耀斌等的消费者网上初始信任模型

4.1.3　技术接受模型

　　学界开始关注和研究个体用户对信息技术接受和采纳的动机和行为问题。从理性行为理论（theory of resonable action，TRA）[214]、计划行为理论（theory of planned behavior，TPB）[71]、动机模型（motivational model，MM）[215] 和技术接受模型（technology acceptance model，TAM）[216] 等理论和模型展开研究的思路已受到学者们的一致赞同。网络环境下，技术接受模型的应用最为广泛，该模型是由美国学者戴维斯（Davis）等于1989年提出，其旨在解释人们接受或者拒绝信息系统的原因所在。如图 4 - 6 所示，感知有用性和感知易用性通过使用态度和行为动机影响实际使用，使用态度影响行为动机，行为动机又对实际使用有直接的正向影响[216]。而外部因素是影响感知有用性和感知易用性的外部变量，包括系统特征、消费者特征和规范制度等外在环境因素，以及消费者个体的内在特质，如用户特征等。本书将在探讨网络属性调节移动社交互动影响网络消费的过程时运用到 TAM 理论。

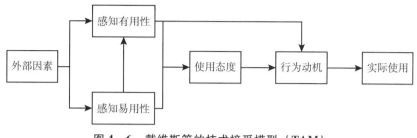

图 4 - 6　戴维斯等的技术接受模型（TAM）

4.2　移动社交互动影响网络消费的理论模型构建

不同领域的学者对电子商务信任研究的侧重点亦不同，学者们结合各自的研究领域构建了大量特征不同的信任模型。本书在第 2 章对心理学、行为学和社会学等领域的移动社交互动、初始信任、网络消费的理论和模型进行系统分析和归纳，在第 3 章结合网络结构、移动社交互动内容及特征对移动社交互动构成要素的分析结果的基础上，基于上文阐述的技术接受模型、于建红的网上信任模型、迈克奈特等的初始信任模型、鲁耀斌和周涛的网上初始信任模型、鲁耀斌和董圆圆的信任体系和六维度等模型，融合多模型构建了移动社交互动对网络消费影响机制的研究框架，如图 4 - 7 所示。

4.2.1　移动社交互动对网络消费的影响研究

社群成员间的互动分为两类：一类是对有关产品的信息、企业信息、品牌的信息以及市场信息等知识获得的信息互动，以获得对产品或市场的了解；另一类是人与人之间的情感交流，获得成员的尊重或关心等社交交流的人际互动[217]。

沿用文献［42 - 51］的观点，信息互动和关系互动对消费者购买决策均有显著影响，移动社交网络情境中，没有直接交互历史的社交用户之间，在获取信息时，除了关注信息本身的有效性外，还受发布信息的用户节点的个体属性的影响，可信度高的用户直接或间接地影响他人的思想或行动。具体分析如下。

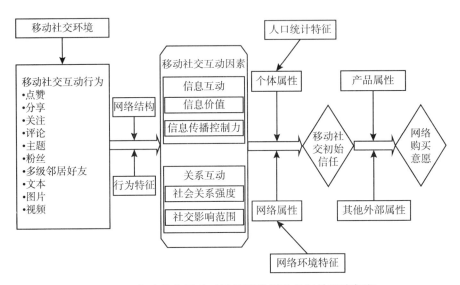

图 4 - 7　移动社交互动对网络消费影响机制的研究框架

4.2.1.1　关系互动对网络消费的影响分析

首先，社交关系强度影响网络消费。关系互动塑造和建构身份的认同和调整[218]。在移动社交用户之间的互动过程中，社交用户接收到信息时，会对信息及其来源进行评估。网络朋友的购买信息对用户的购买意向有明显的正向影响，与网络好友联系较少的用户受到的影响也相对较小，而联系较多的用户受到的影响也较大[219]，即社交关系强度影响移动社交用户的网络消费。

在评估时，如果与信息发布者交往密切，或是兴趣相投，则会信任信息及其来源，并形成网络消费。同时，若强关系信息提供者且专业性不足，用户未必会相信其发布的信息，购买意愿可能削弱，而弱关系信息提供者，如果其专业性很高，比如相关领域的知名专家等，消费者会愿意去相信和尝试，消费者的购买意愿也会持续增加[220]。因此，虽然社交关系强度有许多表现形式，但都说明了社交关系强度对网络消费有直接的正向影响。

其次，社交影响范围影响网络消费。社交影响范围则由个人具有的知名度或影响力决定。有权威性的网络好友意见对用户的影响比一般好友意见的影响力范围大，对在线交易市场的收入有积极的影响[19]。节点用户自身的受欢迎程度和信誉程度很容易形成名人代言效应，更容易引领更多的人"追随意见"。同时，如果信息回帖人或转发人的知名度也高，那么其言论往往会受到更多人的追捧和信任，其社交影响范围会更广。而社交影响范围广的人，大多数人认为其欺骗和作假的成本高，通常会选择对其信任，并信任其推荐的产品和服务，从而形成购买意愿。因此，在没有直接交互历史的移动社交用户之间，社交影响范围直接影响网购意愿。所以本书提出以下假设：

H1a：社交关系强度正向影响移动社交用户的网购意愿。

H1b：社交影响范围正向影响移动社交用户的网购意愿。

4.2.1.2 信息互动对网络消费的影响分析

首先，信息价值影响网络消费。信息互动体现了信息发出者与信息接收者之间交互式的沟通与互动的过程[221]。在新媒体环境下，信息互动主要指社交网站上用户之间的信息交流和互动关系[222]。信息价值体现的是向客户或潜在客户推送的信息是否有价值。对于移动社交用户而言，价值是一个复合指标，可以体现为信息的内容、信息的形式和信息的有效性等方面的价值性。有效的信息互动可以扩大企业产品信息的传播范围，帮助企业提高用户黏性[223]。同时有价值的信息会对个人使用行为产生影响[224]，能够更大限度地抓住消费者的兴趣，显著提升消费者的购买意向[225]。因此，信息价值对网购意愿有直接的正向影响。

其次，信息传播控制力影响网络消费。在移动社交网络中，信息传播控制力是指信息传播控制效果，即利用信息传播所达到的用户覆盖面。从传播效果来看，信息传播会依托人际关系链条逐次进行传播，众多链条相互交织，传播路径复杂多变，使得人们更愿意接受具有较高影响力和对信息的扩散起巨大推动作用的个体的推荐[226]。如果某移动社交用户的信息传播控制力强，说明该节点用户发布的信息量可能大，并且发布的信息被转发的数量也可能大，这表明该用户拥有较强的关注度，其节点影响力也大，来自该被信任节点用户的推荐，对其他用户的网购意愿也有较强的说服力。因此，信息传播控制力对网购意愿有直接的正向影响。所以本书提出以下假设：

H1c：信息价值正向影响移动社交用户的网购意愿。

H1d：信息传播控制力正向影响移动社交用户的网购意愿。

4.2.2 移动社交初始信任的中介作用

4.2.2.1 移动社交互动对移动社交初始信任的影响研究

网络信任的产生机制既涉及用户自身、网络平台、组织方式等方面[77]，也与网络个体间交互强度紧密相关[227]。

关系互动对移动社交初始信任的影响分析。人们在获取信息时除了关注信息本身的有效性外，还受关系互动带来的信任感的影响，其直接或间接改变他人的思想或行动[40]。在移动社交网络中，信息都以社交为目的，并不会无意义地流转，所有的信息都会被现实的用户赋予极强的指向性，而具有指向性的信息在流动过程中，关系链亦开始形成，如用户之间的关注关系、好友和亲情关系、实时交互过程中的共同兴趣关系等。移动社交用户在应用平台上分享心情，如若产生共鸣，其他用户会对其发布的信息进行回应，例如点赞、评论等，从而建立关注关系。同时，用户也可以通过好友关注好友的好友，即多级邻居好友之间的互动行为。"情感资本"在移动社交情境下体现为移动社交用户之间的关系互动行为，而社交关系强度和社交影响范围直接决定了移动社交关系互动的效果。

首先，社交关系强度是指当两用户间的共同好友越多、互动越多、兴趣点越相似时，可以认为两用户是越亲密、越信任的[228]，沟通的顺畅使得双方更容易在观念上达成一致，从弱关系变为强关系[229]，传播主体间合作意识和行为规范趋于相同，推动交流双方彼此的认同感增强，信任形成[129]。当用户在收到信息时，往往会对信息进行一次预判断，根据用户对信息发布者的了解程度进行预估[230]。同时，交往个体之间呈现信息的相似度越高，彼此之间信任度也越高，这既源于社会认同的需要[231]，也源于对接交往成本与收益的权衡[232]。另外，对陌生人认知的不确定性时，信任的度量更侧重于对目标个体的专业能力、行为规范等方面的评估[233]。如果产品信息是由影响力强的推荐方提供的，消费者可以更容易地信任该信息。强关系信息提供者但专业性不足，用户未必会相信其发布的信息，而弱关系信息提供者，如果其专业性很高，比如相关领域的知名专家等，消费者也愿意去相信和尝试[234]。因此，社交关系强度特征影响移动社交初始信任的形成，即社交关系强度正向影响施信方对被信方正直、善意、诚实特征的感知。

其次，社交影响范围体现了个人具有的知名度或影响力，影响着移动社交初始信任的形成。初始节点传播范围越大，相应节点在网络中的影响力越大，该节点在网络中的信任水平越高[129]。某节点用户的社交影响范围大，说明其受欢迎程度和信誉程度高，这种社交影响范围很容易形成名人代言效应，更容易引领更多的人"追随意见"，而重视自身声誉的建立与维护，能增强社交用户之间的信任[235]。同时，如果该节点用户拥有的信息回帖人或转发人的知名度高，其社交影响范围会更广，那么其言论往往会受到更多人的追捧和信任。因此，被信方的社交影响范围影响移动社交初始信任的形成，即社交影响范围正向影响施信方对被信方正直、善意、诚实特征的感知。所以本书提出以下假设：

H2a‑1：社交关系强度正向影响移动社交用户对被信方正直特征的感知。

H2a‑2：社交关系强度正向影响移动社交用户对被信方善意特征的感知。

H2a‒3：社交关系强度正向影响移动社交用户对被信方能力特征的感知。

H2b‒1：社交影响范围正向影响移动社交用户对被信方正直特征的感知。

H2b‒2：社交影响范围正向影响移动社交用户对被信方善意特征的感知。

H2b‒3：社交影响范围正向影响移动社交用户对被信方能力特征的感知。

信息互动影响移动社交初始信任的形成。网络社群信息互动效果评价能帮助人们更好地了解网络社群构建效果，推动网络社群更好地运营和持续发展[223]。在拥有大量朋友和潜在朋友的移动社交网络情境中，社交互动主要依靠主体与客体之间的文本、图片和视频等形式的沟通以实现观点的表达、情绪的表现和意图的展示，因此"符号互动"在移动社交情境下体现为移动社交用户之间的信息互动。节点用户发布的信息文本和信息传播过程中的相关活动，在网络中主要体现为信息价值和信息传播控制力等维度，直接决定了移动社交信息互动的效果。

首先，信息价值影响移动社交初始信任的形成。企业向受众推送的内容信息并不能直接创造利润，需要通过提供有价值或有娱乐性的内容来吸引目标受众的关注，而内容本身又与品牌有着密切的联系，通过不同形式的内容和渠道组合来给消费者"讲故事"，以吸引消费者的关注，维护与消费者的关系[236]。社交网络内的信息增值空间大、信息传播转换率高，将获得企业的持续关注和使用[237]。线上销售环境中，消费者主要依赖在线获取有价值的信息来判断产品质量[238]，有价值的信息能够增强企业能力的表现，"激发有益的顾客互动"[239]，直接影响消费者的品牌共鸣。同时信息通过其本身蕴含的价值属性对消费者的态度和行为产生重要影响。移动社交网络情境下，信息价值是"值得消费者信任的顾问"[220]。例如，在网贷平台，贷方通过借方过去交易行为信息的积累和扩散而对借方声誉感知，显著影响其对借方的初始信任，并对贷方交易产生了影响[240]。因此被信方发布信息的价值影响移动社交初始信任的形成，即信息价值对被信方的正直、善意、诚实有直接的正向影响。

其次，在移动社交网络中，信息传播控制力是节点用户之间信息互动的另一量化指标，即信息通过该用户才能传播给其他用户的概率。在信息传播的过程中，信息是否必须经过某个节点才能有效传播，能说明该节点影响力的强弱，经过该节点用户的信息数量越大，该节点的影响力就越强，人们更愿意接受具有较高影响力个体的推荐[226]，则该节点用户也越容易被其他用户信任。因此，被信方对信息的传播控制力影响移动社交初始信任的形成，即信息传播控制力正向影响施信方对被信方正直、善意、诚实的感知。所以本书提出以下假设：

H2c-1：信息价值正向影响移动社交用户对被信方正直特征的感知。

H2c-2：信息价值正向影响移动社交用户对被信方善意特征的感知。

H2c-3：信息价值正向影响移动社交用户对被信方能力特征的感知。

H2d-1：信息传播控制力正向影响移动社交用户对被信方正直特征的感知。

H2d-2：信息传播控制力正向影响移动社交用户对被信方善意特征的感知。

H2d-3：信息传播控制力正向影响移动社交用户对被信方能力特征的感知。

4.2.2.2 移动社交初始信任对网络消费的影响研究

初始信任的形成存在于交易之前，其决定了消费者对商家采取的下一步行动，初始信任会使消费者选择与商家进行交易[241]。消费者的初始信任直接决定消费者是否顺从商家的建议动机、是否对个人购买信息进行共享的动机和是否从网站进行购物的动机[86,89]，进而导致消费者的实际购物行为[91,96]。

在移动社交网络情境中，强弱关系并存，其中弱关系传播信息，而强关系则引发行为。如果某一移动社交节点用户被没有直接交互历史的其他节点用户信任，那么信任会产生相应的行为结果，即其他节点用户在与其交互以及交易的过程中对安全漏洞和隐私侵犯等风险的感知程度会降低，该用户的推荐也更可能被其他用户采纳，即其对其他节点用户的购买意愿影响显著。所以移动社交初始信任可以有效地影响网络消费，即被信方的正直、善意、能力对移动社交用户的网购意愿有直接的正向影响，所以本书提出以下假设：

H3a：被信方的正直对移动社交用户的网购意愿有直接的正向影响。

H3b：被信方的善意对移动社交用户的网购意愿有直接的正向影响。

H3c：被信方的能力对移动社交用户的网购意愿有直接的正向影响。

4.2.2.3　移动社交初始信任在移动社交互动与网络消费之间起中介作用

结合 H2a-1、H2a-2、H2a-3、H2b-1、H2b-2、H2b-3、H2c-1、H2c-2、H2c-3、H2d-1、H2d-2、H2d-3、H3a、H3b、H3c 的假设，本书认为在移动社交网络中，移动社交关系互动会显著促进移动社交用户之间初始信任关系的形成，进而提升移动社交用户的网购意愿。同时，移动社交信息互动也会显著促进移动社交用户之间初始信任关系的形成，进而提升移动社交用户的网购意愿。因此，在移动社交互动影响移动社交用户网络消费的过程中，移动社交初始信任起中介作用，所以本书提出以下假设：

H4a-1：被信方的正直在社交关系强度与网购意愿之间起中介作用。

H4a-2：被信方的善意在社交关系强度与网购意愿之间起中介作用。

H4a-3：被信方的能力在社交关系强度与网购意愿之间起中介作用。

H4b-1：被信方的正直在社交影响范围与网购意愿之间起中介作用。

H4b-2：被信方的善意在社交影响范围与网购意愿之间起中介作用。

H4b-3：被信方的能力在社交影响范围与网购意愿之间起中介作用。

H4c-1：被信方的正直在信息价值与网购意愿之间起中介作用。

H4c-2：被信方的善意在信息价值与网购意愿之间起中介作用。

H4c-3：被信方的能力在信息价值与网购意愿之间起中介作用。

H4d－1：被信方的正直在信息传播控制力与网购意愿之间起中介作用。

H4d－2：被信方的善意在信息传播控制力与网购意愿之间起中介作用。

H4d－3：被信方的能力在信息传播控制力与网购意愿之间起中介作用。

4.2.3　调节变量的作用研究

4.2.3.1　社交个体属性和网络属性的调节作用分析

社交个体属性和网络属性在移动社交互动影响移动社交初始信任的过程中起调节作用。

首先，社交个体属性是指移动社交用户个体特征的差异，例如网购经验、网购态度和网络涉入度等。这些差异在移动社交互动影响移动社交初始信任的过程中起调节作用。网络购物经验可以影响信任的形成[242]，例如，网络使用时间较长、网购经验丰富的移动社交用户与网络新手或网购经验缺乏的用户相比，在评估接收的信息或信息来源时，考虑的因素和决策依据会更全面，社交信心会更强，也更愿意参与移动社交互动。

现有对网购态度的研究大多聚焦于网购接受的态度[243]，而社交个体之间对网络购物的态度也有明显的差异。网购态度对社交个体的行为具有预测作用[244]，侧面反映了社交个体的网络信任倾向，网络信任倾向强的用户会更赞同网络购物，例如，对于初始信任的形成，网购态度具有调节效应[245]。

消费者涉入度是指消费者在搜索和处理商品信息、广告所花的时间和精力。网购时，消费者涉入度水平较高，说明消费者的产品知识较为丰富，对产品性能等指标十分了解，进而能够全方位对比评估产品，消费者对越了解的事物越容易信任[246]。因此，施信方的网购经验、网络涉入度和网购态度在移动社交互动影响移动社交初始信任的过程中起调节作用。当施信方网购经验丰富、网络涉入度高且网购态度好时，移动社交互动对被信方的正直、善意、能力影响程度更强。

其次，网络属性在移动社交互动影响移动社交初始信任的过程中起调节作用。对平台质量、规模、声誉因素的感知，影响了用户对平台建立初始信任[240]。沿用技术接受模型来研究网络属性，该模型认为感知有用性和感知易用性通过使用态度和行为动机而影响实际使用[247]，本书认为网络属性主要表现为移动社交用户对网络易用性和网络有用性的感受。网站的有用性与易用性会影响用户对该网站的能力信任，用户的网站感知、商家感知和信任倾向对初始信任的形成有显著的积极影响[248]。如今，虽然移动社交平台风格迥异，但随着信息技术的发展与普及、法制法规的健全，移动社交平台的网站特性和技术差异对初始信任的影响逐步减弱，其更多的是对移动社交互动影响移动社交初始信任的过程起作用。如果施信方对移动社交平台的有用性和易用性感知较高时，其会更主动通过平台参与到社交互动中来，接收被信方发布的信息与被信方沟通，一旦沟通顺畅，也更愿意去相信被信方。因此，网络属性在移动社交互动影响移动社交初始信任的过程中起调节作用。

因此，本书研究的移动社交初始信任的含义是指在没有直接交互历史的移动社交用户之间，基于网络属性和自身的个体属性，施信方全面考虑全局信任信息和局部信任信息，通过被信方在整个网络中的表现、被信方与好友的交互历史，即被信方与其他社交用户的关系互动行为和信息互动行为，对被信方的能力、善意和正直进行评估后，而向其展示自己脆弱性的意愿。在三类影响因素中，社交互动是移动社交网络存在的价值所在，移动社交互动因素直接影响移动社交初始信任的形成，而社交个体属性和网络属性在这一过程中起调节作用。社交个体属性是在一定的文化环境中形成的，包括网购经验、网购态度和网络涉入度等。而网络属性是指移动社交用户对平台的网络易用性和网络有用性的感知。所以本书提出以下假设：

H5：个体属性在移动社交互动和移动社交初始信任的关系中起调节作用。

H5a：网购经验在移动社交互动和移动社交初始信任的关系中起调

节作用。

H5b：网购态度在移动社交互动和移动社交初始信任的关系中起调节作用。

H5c：网络涉入度在移动社交互动和移动社交初始信任的关系中起调节作用。

H6：网络属性在移动社交互动和移动社交初始信任的关系中起调节作用。

H6a：网络易用性在移动社交互动和移动社交初始信任的关系中起调节作用。

H6b：网络有用性在移动社交互动和移动社交初始信任的关系中起调节作用。

4.2.3.2 产品属性和其他外部属性的调节作用分析

在移动社交互动通过移动社交初始信任影响网络消费这一机制传导过程中，需要考虑产品质量和产品类型，以及企业的信誉和网上风险等诸多影响因素[249]，即产品属性和其他外部属性在移动社交互动影响网络消费的过程中起调节作用。

首先，产品属性包括产品质量和产品类型两方面的因素，已成为外部环境中最重要的因素。产品质量是消费者购买决策的重要影响因素[250]。产品选择对交易的实现起作用，消费者决策可以定义为消费者谨慎地评价某一产品品牌或服务的属性，并理性地进行决策，即花费最小的成本购买能满足某特定需要产品的过程[251]。消费者对产品或服务给其带来利益的感知显著影响购买决策行为，感知利益中最重要的是对产品质量的感知，尤其是替代性或相似性较高的产品，当消费者感知产品质量高时，很可能作出购买行为[252]。消费者会利用产品本身的内部和外部属性来判断产品的质量[253]，尤其当商品内部属性缺失的情况下，人们会通过产品的外部属性（品牌、价格和原产地等）来判断质量[254]。

本书认为产品质量主要体现在产品的价格和产品的品牌知名度等方面。

产品价格是影响产品效用的主要指标之一，它是指产品的价格与同类产品的差异程度，以及产品网上价格与实体店价格的差异程度。价格的确可以对消费者感知质量产生显著的正向影响[255]，商品价格高低可以调节消费者对商品的网购意愿程度[256]。

品牌也是消费者网上推断产品质量好与坏的重要线索[257]，消费者与品牌的关系是一个从认知到情感，再发展到行为的双向互动过程，能促使消费者支付溢价[258]，而消费者的品牌关系互动感知也会导致消费者对营销活动反应的差异化效应[259]。而品牌知名度指消费者在不同情境中识别及回忆起一个品牌的能力[260]，以及消费者对如何获取该品牌产品及服务的熟悉程度[261]。品牌知名度的高低则反映了产品质量的高低，消费者更可能在网上购买名气大的品牌的产品，而不愿购买不知名的品牌[262]的产品。在线评论信息中隐含的产品在线声誉和品牌知名度加强了品牌竞争力对商品在线销量的影响[263]，品牌知名度有价值信息与网购意向之间的关系也有显著调节作用[225]。

除此之外，产品类型在移动社交互动影响网络消费的过程中也起调节作用，网购产品的类型可以分为搜索型商品和经验型商品两类[264]。搜索型商品是指透过信息搜索与卖方对于商品的描述，就能在购买前对此项商品的品质做出适当判断［例如书籍、电脑硬件、软件、影音光碟（VCD）等］，而体验型商品是指必须使用此项产品之后才能对产品的品质做出判断（例如食品、服饰等）[265]。消费者在购买搜索品时，更偏向于运用传统决策过程，通过产品本身的质量信息评估产品质量[266]，而在购买体验品时，消费者更加注重从第三方评论网站获取的评论信息[267]。针对不同类型商品，评论内容（效价、时效、图片、回复）和评论者（专业性、参与度）的作用存在显著差异且商品类型对评论内容、评论者特征与评论有用性之间存在调节效应[268,269]，针对拥有各自特征的两类产品，需要对移动社交互动进行调整以适应不同产品的特性。不同产品类型和品牌熟悉度的情境下，在线品牌社群成员参与程度对其社群认同的影响均有差异[270]。因此，产品质量和产品类型在移动社交互动通过移动社交初始信任影响网络消费这一机制传导过程中，均起调节作用。

H7：产品质量在移动社交互动和网购意愿的关系中起调节作用。

H7a：产品价格在移动社交互动和网购意愿的关系中起调节作用。

H7b：品牌知名度在移动社交互动和网购意愿的关系中起调节作用。

H7c：产品类型在移动社交互动和网购意愿的关系中起调节作用。

其次，消费者与零售商的交叉网络外部性、服务差异化程度等有很大差异，要在竞争中获胜，必须增强服务意识，包括售前服务、售中及售后服务的所有过程，包括为消费者创造从网络登录到在线交易，从交易支付到物流服务等各个环节的优质服务[271]，进而影响消费者对网络平台的信任，进而影响其网购意愿[272]。其他外部属性包括服务质量、物流质量和交易安全性三方面的因素。

感知服务质量是影响消费者网上购物态度的一个重要因子[273,274]，而商品配送也是消费者网络购物时必须考虑的方面[275,276]，消费者对网购中的交易安全性和个人隐私保护等问题也十分在意[277]。在移动社交互动的过程中，高水平的服务质量和物流质量、有安全保障的交易和支付工具等因素都可以降低移动社交用户对风险的感知，增强用户的满意度，进一步地，可以提高社交互动的有效性，以达到促进网购意愿[278]。因此，在移动社交互动通过移动社交初始信任影响网络消费这一机制传导过程中，其他外部属性也起调节作用，外部属性包括售前服务质量和售中服务质量，如物流质量和交易安全性保证等。故具体假设如下：

H8：其他外部属性在移动社交互动和网购意愿的关系中起调节作用。

H8a：售前服务质量在移动社交互动和网购意愿的关系中起调节作用。

H8b：售中服务质量在移动社交互动和网购意愿的关系中起调节作用。

基于对相关理论的研究和各指标属性的分析，本书分别探讨了移动社交互动对移动社交初始信任的影响机理和移动社交互动对网络消费的影响机理，即，移动社交互动包括信息互动和关系互动两个维度的四个指标；移动社交互动显著影响网络消费，在这一影响机制传导过程中，移动社交初始信任起中介作用，产品属性和其他外部属性起调节作用；在移动社交互动影响移动社交初始信任的过程中，社交个体属性和网络环境属性起调节作用。在进行变量量化时，网络消费用网购意愿来测度。基于上文对影响机理的探讨以及提出的研究假设，本书构建了移动社交互动对网络消费的影响机制模型，如图4－8所示。

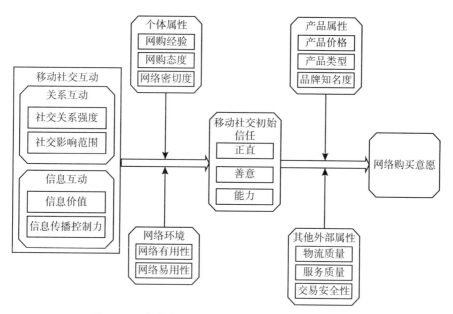

图4－8　移动社交互动对网络消费的影响机制模型

4.3　本章小结

　　坚持辩证唯物主义和历史唯物主义的方法论，充分借鉴吸收西方现代管理科学的有益研究方法，立足中国现实与研究需要，采用多学科的研究方法，阐释相关概念之间的逻辑关系和影响机制，打造新概念、界定新维度，构建新理论，才能讲好中国故事，才能鲜明地展示中国故事背后的规律与机制。

本章在对心理学、行为学和社会学等领域的移动社交互动、初始信任、网络消费相关理论和模型进行系统分析和归纳，结合网络结构、移动社交互动内涵、特征和构成要素分析结果的基础上，基于现有的信任理论和模型，界定了移动社交情境中社交互动的维度及特征，揭示了移动社交互动对移动社交初始信任的影响机理、移动社交互动对社交用户网络消费的影响机理，探讨了个体属性、网络属性、产品属性和其他外部属性的调节作用。最终以移动社交初始信任为中介，构建了移动社交互动对网络消费影响机制的理论模型。通过本章的研究，加深了学界对移动社交用户之间进行社交互动的动机、初始信任动机和网购动机的理解。

5

移动社交互动对网络消费
影响机制的研究

5.1 移动社交互动的研究设计

　　进入中国特色社会主义发展新时期，中国企业发展面临的市场环境、技术环境等正发生着巨变，科学、合理地挖掘中国移动社交环境里的独特情境变量，是讲好中国故事背后规律与机制的前提。本书在构建指标体系时，将遵循代表性、独立性、可操作性和可计算机化等原则，即选取代表性强的关键因素作为评价指标；选取的评价指标相互独立，尽量避免各指标之间的重叠与相关；评价指标具有可操作性，定义清晰，并易于量化处理。同时，通过对移动社交互动构成要素的分析结果可以发现，从关系互动和信息互动两个维度，提取社交关系强度、社交影响范围、信息价值和信息传播控制力四个要素来量化移动社交互动更合理、也更准确。

5.1.1　社交关系强度的测量

梁等（Liang et al.，2011）和斯坦科等（Stanko et al.，2007）基于商家和消费者的关系强度，分析了关系时长、互惠服务、相互信任、亲密程度、关系质量和接触频率等因素对传统购买行为有直接或间接的正向影响[279、280]。

另外，专家发布的信息比非专家提供的信息更可靠[281]，即某人专业性越强，其他人向其主动搜寻信息和帮助的可能性越大，对其他人的行为态度的影响也越大[282]。在拥有大量朋友、强弱关系并存的移动社交网络中，专业性水平高的信息发布者，用户对其发布的信息产生信任的可能性大，再次分享给其他用户的可能性就高，也会促进更多购买行为[283]。同时，社会同质性可视作判断人们社交关系强度的重要参考[284、285]，是衡量社交关系忠诚度的有效参考[286]，两个关系强度紧密的节点用户通常具有许多相同的属性，拥有许多共同朋友，即朋友覆盖率值较大[287]。

本书中，社交关系强度是指节点用户与信息发布者的相似程度、信息发布者与其好友的亲密程度以及信息发布者的专业程度。根据沈洪洲等（2014）[288]有关相似性的研究，格兰诺维特（Granovetter，1983）[289]有关亲密程度的研究，吉利等（Gilly et al.，1998）[290]和沃耶尔（Voyer，2000）[291]有关专业性的研究的基础上，本书认为相似性是用户与用户拥有的相似背景、用户及其好友共同加入的公共主页数以及用户及其好友都拥有的共同好友数。而信息发布者与其好友的亲密程度是指好友对其发布信息的转发、评论和点赞行为。信息提供者的专业性主要表现在知识、能力和经验三个方面，即一个人在某领域专业知识的高低、辨别能力的强弱和经验的丰富程度，并形成了以下问项（见表 5 - 1）：

表 5 – 1 社交关系强度的测量

变量名称	问项	参考文献
信息接收者与信息发布者的相似程度	我和他（她）有相似的背景（兴趣爱好、学历等）	沈洪洲等（2014）
	用户及其好友共同加入的公共主页数	
	用户及其好友都拥有的共同好友数	
信息发布者与其好友的亲密程度	好友对他（她）发布信息的转发行为	格兰诺维特（Granovetter，1983）
	好友对他（她）发布信息的评论行为	
	好友对他（她）发布信息的点赞行为	
信息发布者的专业度	我认为他（她）具备某类产品或领域的专业知识（如产品的品牌，价格，性能等）	吉利等（Gilly et al.，1998）；沃耶尔（Voyer，2000）
	我认为他（她）能够为我提供专业性的建议	
	我认为他（她）在某领域具有丰富的购买经验和使用经验	

5.1.2 社交影响范围的测量

除了专业度和关系强度外，信息发布者的社交影响范围通过消费者信任也对消费者购买意愿有显著影响。信息发布者的社交影响范围是由其知名度决定的，信息发布者的知名度体现其社区地位，通常是指被公众知道的程度以及其带来的社区影响的深度[292]。本书在参考何建民等（2013）[243]和张晓雯等（2015）[293]有关社区成员影响力研究的基础上，认为信息发布者的社交影响范围由信息发布者的知名度、信息回帖人或转发人的知名度构成，并形成了以下问项（见表 5 – 2）：

表 5 – 2 社交影响范围的测量

变量名称	问项	参考文献
信息发布者的知名度	信息发布者的好友数量	何建民（2013）
	信息发布者的粉丝数量	
	信息发布者在领域内拥有主导的、有影响力的地位	

续表

变量名称	问项	参考文献
信息回帖人或转发人的知名度	信息回帖人在领域内拥有主导的、有影响力的地位	张晓雯（2015）
	信息转发人在领域内拥有主导的、有影响力的地位	

5.1.3　信息价值的测量

信息价值具有多维性，因此需要从多方面对其进行量化。胡莎莎（2011）认为影响网络信息价值的主要指标包括信息传播者、信息传播媒介、信息传播内容、信息传播环境以及信息用户等方面[294]。高锡荣等（2016）借用文献计量学和社会网络分析方法进行概念抽取、筛选与提炼，最终构建了信息价值评估指标体系，包括信息传播源特征、信息内容特征、信息传播特征和信息时效性4项一级指标和8项二级指标[295]。朱源进（1985）认为信息获取的准确性、信息传递的时效性和信息处理的稳妥性是影响信息价值的关键因素[296]。徐敏等（2008）基于信息满足人们需求的敏锐性和及时性不同，认为信息在不同时间点所呈现出的价值不同，信息的时效性能够影响甚至决定信息的价值，而信息内容特征主要反映信息的内涵属性，包括信息的文本意义、编写质量和用户属性等方面[297]。信息的价值性可以体现为产品或品牌的相关性，或是体现为高质量、有教育意义、对购买决策有帮助，当然娱乐性和吸引眼球也是内容制胜的法宝[298]。同样的含义，有的学者称为信息质量。根据巴恩斯等（Barnes et al.，2001）的定义，信息质量是指为用户提供准确、及时、可靠和可用的信息的能力[299]。高尔拉等（Gorla et al.，2010）从客观的角度界定信息质量的范围，将信息质量定义为满足公众需求的信息特征的总和，包含信息内容和信息形式两部分[300]。阿拉德瓦尼等（Aladwani et al.，2002）发现信息质量包含两个子维度：特定内容和内容质量，其中，特定内容是指寻找关于产品、服务、客户支持、隐私政策和其他重要信息的特定信息，而内容质量则涉及所提供信息的有用性、完整性和准确性[301]。贝利等（Bailey et al.，1983）认为信息质量的特征包括准确性、精确性、货币、输出及时性、可靠性、完整性、简洁性、格式和相关性[302]。张等（Cheung et al.，2008）研究了口碑的信息质量，认为信息质量是说服他人接受自己观点的强度，包括丰富度和完整性[303]。郑等（Zheng et al.，2013）研究了信息质量对用户持续使用意愿的影响，发现信息的可靠性、客观性、及时性、丰富性和表现形式是衡量信息质量的重要特征[304]。王等（Wang et al.，1996）认为信息质量，包括信息内在质量（客观性和单一性）、信息形式质量（易理解性和冲突性）、信息获取质量（易获得性）和信息情境质量（相关性和及时性），其中，客观性是指信息源于事实，不带主观偏见的程度；单一性是相对于内容丰富性而言的；易理解性是指信息表现形式和专业术语的可理解程度；冲突性是相对一致而言的，即信息先后表述不一致或不同主体发布的信息内容不一致性的程度；易获得性用来描述信息的易获得程度；相关性指信息供给与需求的相关程度；及时性用来评价信息发布是否具有实效性[305]。信息类型也可以体现信息内在质量，分为事实性、经验型两类，事实型是指通过简单介绍产品型号、功能等信息，可以满足产品的所有信息要求，而经验分享型是指产品使用体验、感受等信息，为了解产品功能提供了新的信息[306]。

同时，在被海量信息充斥的移动社交网络中，视觉吸引力是吸引关注的可靠因素，视觉吸引力被洛亚科诺（Loiacono，2000）称为网站的美学[307]，被阿拉德瓦尼等（2002）称为网页表现[301]，即通过有良好的标签，正确使用字体、颜色和图形，和具有吸引力等指标来衡量的。

本书综合以上研究的观点，最终构建的信息价值的评估指标体系，包括信息内容、信息形式、信息时效性和信息类型四项指标。信息内容包括信息的有用性、完整性、简洁性、准确性和真实性；信息形式是指标签、字体、颜色、图形、图像、语音、视频和专业术语等的可理解程度、丰富性和视觉吸引力；信息时效性用来评价信息在时间上的有效性程度；信息类型分为事实型和经验分享型两个大类。形成了以下问项（见表5-3）：

表 5 – 3　　　　　　　　　　　　　信息价值的测量

变量名称	问项	参考文献
信息内容	信息文本表达的有用性	阿拉德瓦尼（Aladwani, 2002）；贝利（Bailey, 1983）；王（Wang, 1996）；高尔拉（Gorla, 2010）
	信息文本表达的完整性	
	信息文本表达的简洁性	
	信息文本表达的真实性	
	信息文本表达的准确性	
信息形式	信息表现形式（如标签、字体、颜色、图形、语音、视频、专业术语等）的可理解性、丰富性和视觉吸引力	张（Cheung, 2008）；郑（Zheng, 2013）；王（Wang, 1996）；阿拉德瓦尼（Aladwani, 2002）
信息有效性	信息在时间上的有效性程度	郑（Zheng, 2013）
信息类型	事实型信息（如简单介绍产品型号、功能等的信息）的价值	向远媛（2011）
	经验分享型信息（产品使用体验、感受等信息）的价值	

5.1.4　信息传播控制力的测量

移动社交网络中，大量信息是通过直接发布或移动社交用户之间的交流来传递的，如广泛关注的热门话题讨论、硬广告推送以及顾客特有的经验类信息的分享等。社交网络节点重要性评估因素中的介数因素[206]是信息传播控制力量化分析的重要手段，即经过某节点的最短路径越多，该节点就越重要[207]。所以依据介数的定义，本书以通过某节点用户的信息量作为其测量指标。信息量是根据信息发布者提供的信息数量来确定的，通过某节点用户传播给其他用户的信息量越大，则该节点用户对信息的传播控制力就越大，包括信息发布数量或信息被转发数量，并形成了以下问项（见表 5 – 4）：

表 5 – 4　　　　　　　　　　信息传播控制力的测量

变量名称	问项	参考文献
信息发布量或被转发量	单位时间内发布的信息数量	弗里曼（Freeman，1977）；
	单位时间内被转发的信息数量	多列夫等（Dolev et al.，2010）

5.2　移动社交初始信任的研究设计

信任被界定为对他人的正直、善意和能力的信念，其中，能力是指个人拥有的在特定领域内具有影响他人的技巧或才干，善意指认为他人能够关心或维护施信方的期望；正直指对他人能够以诚实或一系列原则的可接受的标准行动的期望[211]。本书在优化格芬等（Gefen et al.，2003）关于信任测量问项[308]的基础上，形成了以下测量问项（见表 5 – 5）：

表 5 – 5　　　　　　　　　　移动社交初始信任的测量

变量名称	问项	参考文献
正直	我相信该节点用户会遵守自己的承诺	
	我觉得该节点用户是值得信任的	
善意	我相信该节点用户通常是善良的	迈耶（Mayer，1995）；
	我相信该节点用户不会将我的个人信息泄露给他人	格芬（Gefen，2003）
能力	我相信该节点用户可以给我提供我所期望的商品和服务	
	我相信在推荐过程中遇到问题时，该节点用户有能力解决	

5.3　个人属性和网络属性的研究设计

消费者的购买倾向也是影响他们光临的次数、在商场的行为以及对促销活动的反应的持久因素[309]。同时，过去的经验是将来行为的预报器[310]，因此网络购物经验也是预测消费者行为的理想指标。消费者使用网络的时间与他们进行网上购物可能性之间呈正相关[311]，而个体的互联网使用经验与他的网络购物参与度也正相关[312]。

本书通过网络涉入度、网购经验和网购态度三个指标来对移动社交个体的属性进行测量，这三个指标的量化将沿用温骁罡（2008）[313]的观点。具体的测量问项如下（见表5-6）：

表5-6　　　　　　　　　　个人属性的测量

变量名称	问项	参考文献
网络涉入度	我已经使用手机上网的时间	温骁罡（2008）
	我每天使用手机上网的时间	
	我觉得我使用互联网比较有经验	
网络购物经验	我平均每月网购的次数	
	我平均每月网购的花费	
	我平均每月网购支出占我总购物支出比例	
网络购物态度	我认为在移动社交平台购物是一件稀松平常的事	
	只要网上能买到的东西，我尽量在网上买	
	我认为网络购物比传统渠道更有优越性	
	我会长期在网上购物	

网络属性则沿用技术接受模型的观点，即通过移动社交平台的有用性和易用性等指标来测量[197]，并在刘晖（2016）[314]和历岩（2011）[315]关于感知有用性和感知易用性以及梁（Liang et al.，2011）[301]有关网络质量的测量问项的基础上，形成了以下测量问项（见表5-7）：

表5-7   网络属性的测量

变量名称	问项	参考文献
感知有用性	我认为移动社交平台的服务或技术能解决个体的需求	刘晖（2016）；历岩（2011）；梁（Liang，2011）
	我认为移动社交平台的服务或技术能节约成本	
	我认为移动社交平台使我可以很容易地联系到我的朋友	
	我认为移动社交平台使我可以很容易地向我的朋友提供信息	
	我认为移动社交平台拥有最新的硬件和软件	
感知易用性	我认为移动社交平台的服务或技术能易于学习和使用	
	移动社交用户认为移动社交平台应拥有记录、个性化推荐、提醒和在线帮助等服务或技术	
	移动社交用户认为移动社交平台应拥有加载速度快、链接准确、退出路径明显等服务或技术	

5.4 产品属性和其他外部属性的研究设计

本书中，产品属性可以分为产品质量和产品类型两个指标。产品类型按照莱特纳（Lightner，2003）[316]的分类方法，分为搜索品和体验品；产品质量则通过产品价格、品牌知名度等指标来测量，并在穆恩（Moon et al.，2008）[317]、凯勒（Keller，1993）[318]和李黎（2017）[319]有关产品属性的测量问项的基础上，形成了以下测量问项（见表5-8）：

同时，其他外部属性通过服务质量、物流质量和交易安全性等指标来测量，本书沿用李萍（2007）[320]有关邮寄及时和安全性、梁等（Liang et al.，2011）[301]有关服务质量和历岩（2011）[315]有关服务和技术的测量问项的基础，形成了以下测量问项（见表5-9）：

表 5-8 产品属性的测量

变量名称		问项	参考文献
产品质量	产品价格	产品的价格与同类产品价格的差异程度	穆恩等（Moon et al.，2008）；凯勒（Keller，1993）；李黎（2017）
		我希望在互动平台上获得商品优惠券或者积分福利	
		产品的网上价格与直营店价格的差异程度	
	品牌知名度	我对所购产品的品牌很熟悉	
		对于某类产品，我在网购时会优先考虑特定品牌的产品	
		我在网购时，会选择品牌知名度高的产品	
		我在网购时，会优先选择品牌名称和标识语令人印象深刻、让人很容易记忆的产品	
产品类型	搜索型	在移动社交平台上，我倾向于购买搜索型产品（如书籍、电脑硬件、软件、音像制品等）	莱特纳（Lightner，2003）
	体验型	在移动社交平台上，我倾向于购买体验型产品（如食品、服饰等）	

表 5-9 其他外部属性的测量

变量名称	问项	参考文献
服务质量	我认为企业节点或个体用户节点对我的问题提供及时的反馈服务	梁（Liang，2011）；历岩（2011）
	我认为企业节点或个体用户节点始终愿意帮助我应用其服务	
	我认为企业节点或个体用户节点关注和了解我的具体需求	
物流质量	我认为企业节点或个体用户节点的物流速度很重要	李萍（2007）
	我认为企业节点或个体用户节点能够通过各种方式快速回应物流状态很重要	
交易安全性	我认为个人隐私安全性很重要	
	我认为支付安全性很重要	
	我认为支付工具统计核算准确很重要	

5.5　网络消费的研究设计

　　本书中，网购意愿是移动社交情境中网络消费最直接的体现，因此采用网购意愿来测度网络消费。购买意愿是指购买的意愿程度。蔡特哈姆尔（Zeithaml，1988）通过李克特点量表的形式，利用考虑购买、可能购买以及想要购买等变量测量消费者的购买意愿程度[252]。斯温亚德等（Swinyard et al.，1978）按照消费者喜爱某种服务或商品的程度、消费者再购意愿和推荐意愿等方面来测量消费者的行为意向[321]。尹世久等（2009）则从消费者的满意情况、向他人推荐的购买意愿、继续意愿或者接受服务的意愿三个方面对消费者的购买意愿进行综合性分析[322]。结合以上学者有关购买意愿的测量问项的基础，利用考虑购买、可能购买以及想要购买等测量指标和吉利等（Gilly et al.，1998）的补充题项——"我认为他（她）为我提供的购买信息影响了我的购买计划"[290]来测量移动社交用户的购买意愿，形成了以下测量问项（见表5 – 10）：

表5 – 10　　　　　　　　　　　　网络消费的测量

变量名称	问项	参考文献
是否想要购买	我认为他（她）为我提供的购买信息影响了我的购买计划	吉利等（Gilly et al.，1998）
	我考虑购买他（她）所推荐的产品或服务	蔡特哈姆尔（Zeithaml，1988）；斯温亚德等（Swinyar et al.，1978）；尹世久等（2009）
	我很可能购买他（她）所推荐的产品或服务	
	我强烈想要购买他（她）所推荐的产品或服务	
是否愿意再次购买	如果未来还有需要，我还会购买他（她）所推荐的产品或服务	
是否会推荐给亲朋好友	以后我会把他（她）所推荐的产品或服务推荐给我周围的朋友	

5.6　调查研究的设计

　　基于对各变量的量化和测量而形成的问项，本部分设计了调查问卷。在问卷设计的过程中，为了确保调查问卷能准确地采集到所需要的数据，本书首先实施了前侧性访谈和预调研。为了了解答卷人能否准确理解题项的内容、题项是否有歧义、是否有其他遗漏事项等，问卷首先由电子商务领域的 8 位研究者进行评审（电子商务专业教师 4 人和硕博研究生 4 人），再选取 50 名有网购经验的移动社交用户（亲戚朋友 15人、同学同事 15 人、教学班学生 20 人）进行预调研，分别就问卷结构是否合理、内容是否完整、题项的设计、题项的内容描述和题项的词语修饰是否符合逻辑、是否通俗易懂等问题进行了探讨。根据专家和被调查移动社交用户的反馈意见，对移动社交互动影响网络消费的调查问卷进行了题项的修正和完善，对调查问卷的题型进行了调整，最终形成了正式的调查问卷。

　　正式量表涉及的社交平台较全面，包括即时通信类（如微信、腾讯QQ、陌陌、探探等）、内容社区类（如新浪微博、腾讯微博等）、内容社区类［如豆瓣、哔哩哔哩（bilibili）、优兔（YouTube）、抖音、配音秀等］、论坛类（如百度贴吧、知乎、虎扑等）和电子商务类（美丽说、小红书、大众点评网）等社交平台。正式量表涉及的话题分布也较广泛，从美食旅游、美妆饰品、服装鞋帽、数码科技到健身瘦身、养生育儿和房产家装等话题。同时，正式量表的题项包含 91 个，由于答题工作题量，为了预防答题的单一枯燥性，正式量表除了设置单选题和多选题等常见题型之外，还增加了矩阵单选题和矩阵滑动条等题型以提高被调查者的答题乐趣性。调查问卷采用了李克特（Likert）五级量表的方式进行评分，从 1 分到 5 分别表示从"完全不同意"到"完全同意"。正式的调查问卷见附录 1。

正式的调查问卷共分为四部分：第一部分是问卷的介绍，主要对调查的目的、调查的方式、调查数据的用途和具体要求做了简要的说明。第二部分是被调查者使用移动社交平台的情况，包括浏览社交平台的终端设备、已使用移动社交网络的时间、经常使用的移动社交平台、最关注的产品或服务以及经常关注的移动社交用户类型等信息。第三部分是正式变量测量的量表部分。首先让移动社交用户回忆其长期在移动社交平台上关注的除明星和朋友以外的用户，尤其是以盈利或产品宣传为目的的个人账号或企业账号，然后再开始填写调查问卷。本部分共七个量表，包括移动社交互动的测量量表、移动社交初始信任的测量量表、网络消费的测量量表、个体属性的测量量表、网络属性的测量量表、产品属性的测量量表和其他外部属性的测量量表。这些量表将用于对本书中自变量、因变量、中介变量和调节变量的测量和评估。第四部分是被调查者的背景情况和网络使用情况，包括被调查者的性别、年龄、学历、收入、手机上网时间、平均每天使用移动社交网络的的时间、平均每月的网购次数、平均每月网购的花费、每月网购支出占总购物支出的比列等信息。

5.7　本　章　小　结

讲好移动社交里的中国故事，需要挖掘、客观量化移动社交环境中的独特情境变量。基于现有的理论和模型，本章对移动社交互动影响网络消费理论模型中涉及的自变量、因变量、中介变量和调节变量进行了量化，形成了测量问项，并形成了正式的调查问卷。第一部分对移动社交互动的四个构成要素，社交关系强度、社交影响范围、信息价值和信息传播控制力进行量化和测量。第二部分从正直、善意和诚实三个维度形成问项，以对移动社交初始信任进行测量。第三部分对个人属性和网络属性进行量化和测量。第四部分对产品属性和其他外部属性进行量化和测量。第五部分对移动社交用户的网络消费进行量化和测量。所有测度项均来自现有文献以提高内容效度。第六部分基于对各变量的量化和测量而形成的问项，设计了调查问卷，为后期开展调查研究和实证检验奠定了基础。

移动社交互动对网络消费
影响的验证分析

  立足中国现实与研究需要融合多种技术方法，挖掘海量数据解读中国故事背后的规律与机制。本章首先选择了被调查对象，并对被调查移动社交用户的样本特征进行描述性统计分析，其次对测量模型、理论模型和假设进行检验。本书将基于安德尔森等（Anderson et al.，1988）推荐的结构方程模型两步检验法，先检验测量模型，考察量表的信度与效度，再分析结构模型，对模型假设进行检验[323]。因此，本章的实证研究将按照以下步骤展开：首先通过探索性因子分析、信度和效度分析相结合的方法对正式量表进行检验，其次利用结构方程对提出的假设进行检验。

6.1 调查对象的选择与样本概况

  在正式调查之前，首先按照以下原则确定本书的调查对象：（1）被调查者是移动社交用户；（2）被调查者具有一定的网购经验；（3）样本具有代表性且避免被调查者的同质性。因此，本书的调查对象确定为移动社交网络的主要用户群体，即 18 ~ 50 岁的移动社交用户，且具有网购经验，涉及大学生和已参加工作的受访人。同时，由于研究对象为移动社交用户，所以数据的搜集主要通过线上调查方式。在线问卷通过专业的问卷调查网站生成并发布，共回收 749 份答卷。最后，按照以下原则筛选出有效问卷：（1）答题所用时间在 180 秒以内的问卷予以删除；（2）非移动端社交用户的问卷予以删除；（3）填写不完整的予以删除；（4）大部分或所有选项答案相同的予以删除。经过仔细筛选，共获得有效问卷 682 份，样本有效率为 91.05%。学者廷斯利和廷斯利（Tinsley & Tinsley，1987）认为，在进行因素分析时，每个题项数与预试样本数的比例为 1:5 至 1:10[324]，样本越多，越有利于量表检验。本书的正式量表中，最大分量表为移动社交互动分量表，该量表包含四个维度的 25 个题项，因此，有效的样本量应不少于 125 份，本书回收的有效问卷 682 份，几乎是最大分量表所含题项数的 27 倍，完全符合此原则。

在利用样本数据进行实证研究之前，本书先对回收的 682 份有效问卷进行了描述性统计分析。样本对被调查移动社交用户的性别、年龄、收入、教育背景、已使用移动社交网络时间、每天使用移动社交网络时间和每月网购频率等基本特征进行了描述性统计分析。样本特征统计情况如表 6 - 1 所示，男性 263 人，女性 419 人。本书选取的被调查者的年龄分布在 18 ~ 50 岁，是移动社交网络的主要用户群体，各年龄段样本分别为 18 ~ 25 岁 145 人，26 ~ 30 岁 153 人，31 ~ 40 岁 251 人，41 ~ 50 岁 133 人，其中，移动社交网络的主力用户，18 ~ 40 岁的被调查者占 80% 以上；从教育程度看，高中（中专）以下 104 人，大专 140 人，本科 399 人，硕士 32 人，博士 7 人，高学历（本科生及以上）的被调查者占 64%；从收入层面看，2 000 元以下 129 人，2 000 ~ 5 000 元 273 人，5 000 ~ 10 000 元 204 人，10 000 元以上 76 人。在本次调查的样本中，98.2% 的用户使用手机上网 1 年以上，使用移动社交网络 1 年以上的用户达 96.6%；每日使用移动社交网络 1 小时以上的用户 553 人，占总样本的 81.1%；每月网购 3 次以上的用户达 465 人，而每月网购花费 500 元以上的用户 419 人，占总样本的 61.4%，具体如表 6 - 1 所示。另外，本次调查涉及多种类型的移动社交应用，微信、QQ、陌陌和探探等即时通信类用户 667 人，微博和抖音等综合类社交用户 234 人，豆瓣、Flickr、优兔（YouTube）和配音秀等内容社区类用户 176 人，百度贴吧、55BBS 和 Discuz 等论坛类用户 150 人，美丽说、小红书和大众点评网等电子商务类用户 164 人。因此，本样本涉及的人群和话题分布广泛、社交平台类型众多，样本的描述性统计分析结果也表明，被调查者样本分布较为合理，具有一定的代表性，符合研究需要。详细的样本描述性统计分析结果见附录 3。

表 6 - 1　　　　　　　　样本特征统计情况（N = 682）

测量项	分类	频数	百分比（%）
性别	男	263	38.56
	女	419	61.44
年龄	18 ~ 25 岁	145	21.26
	26 ~ 30 岁	153	22.43
	31 ~ 40 岁	251	36.80
	41 ~ 50 岁	133	19.50
收入	2 000 元以下	129	18.91
	2 000 ~ 5 000 元	273	40.03
	5 000 ~ 10 000 元	204	29.91
	10 000 ~ 20 000 元	65	9.53
	20 000 元以上	11	1.61
教育	高中及以下	104	15.25
	大专	140	20.53
	本科	399	58.50
	硕士	32	4.69
	博士	7	1.03

续表

测量项	分类	频数	百分比（%）
已使用移动 社交网络时间	半年以下	8	1.17
	半年~1年	15	2.20
	1~3年	68	9.97
	3~5年	95	13.93
	5年以上	496	72.73
每天使用移动 社交网络时间	30分钟以下	38	5.57
	30~60分钟	91	13.34
	1~2小时	149	21.85
	2~3小时	115	16.86
	3小时以上	289	42.38
网购频率 （次数/每月）	1~2次	217	31.82
	3~4次	179	26.25
	5~6次	155	22.73
	7~8次	31	4.55
	8次以上	100	14.66

6.2 探索性因子分析

本小节先对正式量表进行探索性因子分析。首先对移动社交互动量表进行探索性因子分析，获得移动社交互动测量的潜在维度。其次利用SPSS对移动社交初始信任量表和网络消费量表进行探索性因子分析。再次进行信度和效度的分析，以检验测量工具的可靠性。最后用Amos软件进行结构方程模型分析，完成对本书研究假设的检验。

探索性因子分析法是一项用来找出多元观测变量的本质结构，进行处理降维的技术。本书对682份网络消费问卷进行了因子分析适用性检验，结果显示，移动社交互动量表的KMO和Bartlett球形检验结果显示：KMO = 0.963，sig. = 0.000，表明样本数据可以用作因子分析。然后以最大方差法做正交旋转，并进行主成分分析，以特征根大于 1 为因子的抽取原则确定因子个数，有 1 个因子载荷少于 0.5 的题项被剔除，并过滤 1 个因子载荷在 2 个公因子上都大于 0.5 的指标。由于量表的结构发生改变，须重新对量表进行 KMO 和 Bartlett 球形检验，结果显示：KMO = 0.961，sig. = 0.000，对样本数据进行主成分因子分析，共提取出 4 个公因子，如表 6 - 2 所示，累积方差解释率为 69.95%，超过 65%，表明这 4 个因子可以涵盖原始指标的信息，移动社交互动的维度和指标设计较为合理。依据每个因子所包含题项的含义，将这 4 个因子分别命名为社交关系强度、社交影响范围、信息价值和信息传播控制力，与利用信息技术介入的移动社交互动构成要素的研究结论一致。

表 6 - 2　　　　　　　　　移动社交互动的探索性因子分析结果

维度命名	测量指标	成分				Cronbach's α	
		1	2	3	4		
社交关系强度	Sim1	0.643				0.789	0.905
	Sim2	0.648					
	Sim3	0.737					
	Lnt1	0.712				0.871	
	Lnt2	0.754					
	Lnt3	0.703					
	Pro1	0.542				0.813	
	Pro2	0.589					
	Pro3	0.630					
社交影响范围	Pup1		0.669			0.770	0.877
	Pup2		0.543				
	PP1		0.741			0.898	
	PP2		0.654				
	PP3		0.773				

续表

维度命名	测量指标	成分				Cronbach's α	
		1	2	3	4		
信息价值	IC1			0.702		0.875	0.931
	IC2			0.689			
	IC3			0.766			
	IC4			0.781			
	IC5			0.765			
	IF1			0.727		0.882	
	IF2			0.537			
	IF3			0.522			
	IF4			0.709			
	IF5			0.659			
	IF6			0.686			
	IF7			0.570			
	IF8			0.544			
	IT1			0.609		0.826	
	IT2			0.575			
信息传播控制	QoI1				0.675	0.872	0.872
	QoI2				0.679		
累计方差解释（%）		16.897	33.510	50.036	69.950		

　　网络消费量表的 KMO 和 Bartlett 球形检验结果显示：KMO = 0.913，sig. = 0.000，表明因子分析对网络消费量表是合适的。对网络消费量表的全部测量问项进行主成分分析，如表 6 - 3 所示，未旋转时得到的第一主成分为 72.225%，表明第一主成分解释了大部分变量。

表6-3　　　　　　　　网购意愿的探索性因子分析结果

维度命名	测量指标	成分		Cronbach's α
购买意愿	WTB1	0.771		0.921
	WTB2	0.865		
	WTB3	0.887		
	WTB4	0.836		
	WTRE	0.863		
	WTR	0.871		
累计方差解释（%）			72.225	

6.3　信度和效度分析

本小节对量表的信度和效度进行了检验。信度反映了测验或量表工具所测得结果的稳定性或一致性，量表的信度越大，则其测量标准误差就越小。在研究中，通常采用 Cronbach's α 系数作为衡量内在信度的重要指标，以评价问卷测量项目的内部一致性。当 Cronbach's α 系数低于 0.65 时，量表的信度较低，量表稳定性和一致性较差；当 Cronbach's α 系数在 0.7～0.8 时，量表的信度相当好；当 Cronbach's α 系数在 0.8～0.9 时，量表的信度非常好。

本书采用 Cronbach's α 系数和组合信度 CR（composite reliability）两个指标来评估量表的信度，借助 SPSS 软件对样本数据进行了检验，具体检验结果如表6-4所示。各潜变量的 Cronbach's α 值都在 0.744～0.931，均超过了 0.7 的标准水平；组合信度取值均大于 0.7，亦达到理想水平。这说明本书的调查量表题项具有良好的信度水平，通过了信度检验，本书的量表能够对潜变量进行可靠的测量。

表 6 - 4   验证性因子分析结果

维度命名	测量变量	标准因子负荷	平均抽取方差（AVE）	组合信度（CR）	Cronbach's α
社交关系强度	Sim1	0.663	0.517	0.906	0.905
	Sim2	0.667			
	Sim3	0.720			
	Int1	0.795			
	Int2	0.780			
	Int3	0.780			
	Pro1	0.673			
	Pro2	0.697			
	Pro3	0.682			
社交影响范围	Pup1	0.661	0.604	0.883	0.877
	Pup2	0.669			
	Pup3	0.811			
	PP1	0.863			
	PP2	0.856			
信息价值	IC1	0.693	0.501	0.932	0.931
	IC2	0.698			
	IC3	0.718			
	IC4	0.731			
	IC5	0.658			
	IF1	0.730			
	IF2	0.653			
	IF3	0.729			
	IF5	0.653			
	IF6	0.700			
	IF7	0.732			
	IF8	0.732			
	IT1	0.705			
	IT2	0.703			

续表

维度命名	测量变量	标准因子负荷	平均抽取方差（AVE）	组合信度（CR）	Cronbach's α
信息传播控制	*QoI*1	0.881	0.773	0.812	0.872
	*QoI*2	0.877			
正直	*Inte*1	0.881	0.823	0.903	0.902
	*Inte*2	0.933			
善意	*Ben*1	0.821	0.604	0.753	0.744
	*Ben*2	0.731			
能力	*Com*1	0.873	0.793	0.885	0.844
	*Com*2	0.908			
购买意愿	*WTB*1	0.712	0.669	0.923	0.921
	*WTB*2	0.836			
	*WTB*3	0.870			
	*WTB*4	0.798			
	WTRE	0.834			
	WTR	0.847			

效度反映了测量结果的有效程度，它反映测量工具或手段能够准确地测出所需测量事物的一致程度，或是实测结果与所要测查结果的吻合程度。效度分析是为了探究内在因素结构的有效性，以衡量量表的准确性。构思效度要求一个有效的测验不仅应与其他测量同一构思的测验有相关，而且还必须与测量不同构思的测验无相关，前者即是聚合效度，而后者则是区分效度。聚合效度，又指收敛效度，是指测量相同潜在特质（构念）的测验指标会落在同一共同因素上[325]。区分效度是构思效度的又一个证据，指的是在应用不同方法测量不同构念时，所观测到的数值之间应该能够加以区分[326]。两种效度的检验都要用到相关分析的方法，相关系数越大，聚合效度越大，而区分效度就越小。

本书中，采用问项在其对应潜变量的标准因子载荷和潜变量的平均方差抽取量（AVE 值）来衡量聚合效度。如表 6 - 4 所示，在进行聚合效度的检验时，所有问项在其对应潜变量的标准化因子载荷值均在0.65以上，且都在0.001的水平上显著，满足了聚合效度的要求。同时，各潜变量的 AVE 值都在0.5以上，即各测量指标解释了潜变量的大部分方差，表明量表具有较高的聚合效度。在进行各潜变量之间的区分效度检验时，通过比较每个潜变量 AVE 的二次方根与对应潜变量之间的相关系数来进行检验。检验结果如表6－5所示，所有潜变量的 AVE 二次方根（对角线数值）均大于潜变量之间的相关系数，满足了区分效度的要求。

表6－5　　　　　　　　AVE 的二次方根和相关变量系数矩阵

检验项	SR	SI	IV	ITC	PIn	Inte	Ben	Com
社交关系强度	**0.719**							
社交影响范围	0.705	**0.777**						
信息价值	0.689	0.696	**0.707**					
信息传播控制力	0.670	0.662	0.614	**0.879**				
购买意愿	0.333	0.335	0.330	0.344	**0.818**			
正直	0.318	0.291	0.325	0.324	0.598	**0.907**		
善意	0.370	0.334	0.320	0.353	0.691	0.893	**0.777**	
能力	0.323	0.300	0.321	0.319	0.617	0.774	0.760	**0.891**

注：对角线上的数值为 AVE 二次方根，加粗显示。

综上分析可知，本书的测量工具具有良好的信度和效度。

6.4　移动社交初始信任的中介作用检验

本小节对移动社交初始信任的中介作用进行了检验，具体检验结果如表6-6所示。社交关系强度、社交影响范围、信息价值和信息传播控制力对网购意愿的影响均显著（0.090^{**}，0.079^{*}，0.099^{**}，0.099^{***}），由此说明社交关系强度、社交影响范围、信息价值和信息传播控制力对网购意愿有直接的正向影响，H1a，H1b，H1c，H1d 成立。放入中介变量检验，社交关系强度、信息价值和信息传播控制力对网购意愿的影响不显著，表明移动社交初始信任在社交关系强度、信息价值和信息传播控制力对网购意愿的影响中起完全中介作用；社交影响范围对网购意愿的影响减弱（从 $0.079^{*} \rightarrow 0.067^{*}$），由此说明移动社交初始信任在其对网购意愿的影响中起部分中介作用。综上所述，H4a-1、H4a-2、H4a-3、H4b-1、H4b-2、H4b-3，H4c-1、H4c-2、H4c-3、H4d-1、H4d-2、H4d-3 成立。

表6-6　　　　　移动社交初始信任的中介作用检验

检验步骤		中介变量	社交关系强度		社交影响范围		信息价值		信息传播控制力	
			系数	t 值	系数	t 值	系数	t 值	系数	t 值
第一步	自变量→因变量	—	0.090^{**}	2.645	0.079^{*}	2.160	0.099^{**}	2.761	0.099^{***}	3.388
第二步	自变量→中介变量	正直	0.245^{***}	6.141	0.123^{**}	2.929	0.113^{**}	2.780	0.171^{***}	5.349
		善意	0.273^{***}	7.138	0.099^{**}	2.648	0.024^{*}	2.182	0.160^{***}	5.454
		能力	0.215^{***}	5.955	0.082^{*}	2.210	0.097^{**}	2.662	0.134^{***}	4.689
	中介变量→因变量	正直	0.155^{***}	4.793				—		
		善意	0.295^{***}	5.992						
		能力	0.241^{***}	6.292						
第三步	自变量、中介变量→因变量	—	-0.031	-0.922	0.067^{*}	2.486	0.037	1.211	0.037	1.419

6.5 结构方程模型与假设检验

本书采用结构方程模型对概念模型的相关假设进行了验证。首先构建模型；其次对模型参数进行估计；再次在取得参数估计值之后，评价模型与数据间的拟合情况，并与替代模型的拟合指标进行比较；最后根据分析结果和拟合优度评估结果对模型进行必要的修正，使之达到最佳。

结构模型的 χ^2 为 1 784.259，自由度为 932，χ^2/df 为 1.914，其他拟合指标也达到可接受水平（GFI = 0.684，CFI = 0.944，IFI = 0.945，RMSEA = 0.074），表明数据同结构模型的拟合良好。如表 6 – 7 所示，社交关系强度通过被信方的正直、善意和能力显著正向影响施信方对被信方的移动社交初始信任（β 分别为 0.284、0.313、0.254，t 值分别为 7.030、8.014、8.014），H2a – 1、H2a – 2、H2a – 3 成立；社交影响范围通过被信方的正直显著影响移动社交初始信任（$\beta = 0.091$，$t = 2.183$），而社交影响范围对被信方的善意和能力的影响不显著，H2b – 1 成立；信息价值通过被信方的正直、善意和能力显著正向影响移动社交初始信任（β 分别为 0.290、0.201、0.236，t 值分别为 6.598、6.598、5.898），H2c – 1、H2c – 2、H2c – 3 成立；信息传播控制力通过被信方的善意显著影响移动社交初始信任（$\beta = 0.094$，$t = 2.183$），信息传播控制力对被信方的正直和能力影响均不显著，H2d – 2 成立。移动社交初始信任的三个维度，即被信方的正直、善意和能力均显著正向影响施信方的网购意愿（β 分别为 0.158、0.255、0.219，t 值分别为 6.029、6.839、7.135），H3a、H3b 和 H3c 得到验证。另外，网购意愿的决定系数 R^2 为 0.539。

表6-7　　　　　　　　　　　　　　　假设检验结果

假设	路径	路径系数（β）	t 值	结论
H1a	社交关系强度→网购意愿	0.090	2.645	支持
H1b	社交影响范围→网购意愿	0.079	2.100	支持
H1c	信息价值→网购意愿	0.099	2.761	支持
H1d	社交传播控制力→网购意愿	0.099	3.388	支持
H2a-1	社会关系强度→正直	0.284***	7.030	支持
H2a-2	社交关系强度→善意	0.313***	8.014	支持
H2a-3	社交关系强度→能力	0.254***	6.849	支持
H2b-1	社交影响范围→正直	0.091*	2.183	支持
H2b-2	社会影响范围→善意	-0.064	-1.722	待检验
H2b-3	社交影响范围→能力	-0.061	-1.606	待检验
H2c-1	信息价值→正直	0.290***	6.598	支持
H2c-2	信息价值→善意	0.201***	5.098	支持
H2c-3	信息价值→能力	0.236***	5.898	支持
H2d-1	信息传播控制力→正直	-0.077	-1.963	待检验
H2d-2	信息传播控制力→善意	0.094**	2.680	支持
H2d-3	信息传播控制力→能力	-0.049	-1.377	待检验
H3a	正直→网购意愿	0.158***	6.029	支持
H3b	善意→网购意愿	0.255***	6.839	支持
H3c	能力→网购意愿	0.219***	7.135	支持
控制变量	性别→网购意愿	-0.068	-1.766	待检验
	收入→网购意愿	0.060**	3.243	支持
	年龄→网购意愿	-0.033	-1.824	待检验

　　在三个控制变量中，收入对网购意愿有显著的正向影响（β = 0.060，t = 3.243），年龄和性别对网购意愿的影响均不显著。研究模型的实证结果和假设检验结果如图6-1所示。

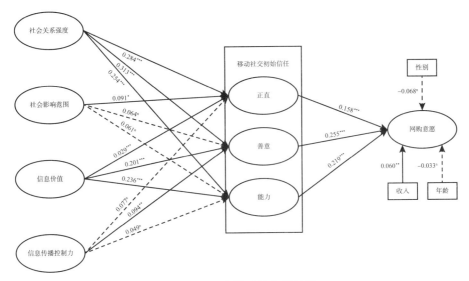

图 6 - 1　研究模型的分析结果

注：n＝不显著，∗ 、∗∗ 、∗∗∗ 分别表示在 0.05、0.01、0.001 水平上显著。

6.6　问项对指标的解释力分析

　　本小节根据移动社交互动影响网络消费模型的变量测量和移动社交互动影响网络消费模型的检验结果，从关系互动和信息互动两个维度分析了问项对指标的解释力，试图为社会化商务企业提供可行的实施参考。

　　在对社交关系强度和社交影响范围的测量中，亲密度主要反映了移动社交用户之间的亲密程度和相似程度；信息发布者知名度主要反映信息发布者的专业程度和声誉；信息转发人知名度主要反映信息转发人的声誉。在移动社交关系互动的所有测量问项中，对亲密度解释力较强的是"发布的信息被其好友多次评论的用户""发布的信息被其好友多次转发的用户""发布的信息被其好友多次点赞的用户"，这些都是反映局部影响力的指标；对信息发布者知名度解释力较强的是"在领域内拥有主导地位、影响力大的用户""在某领域具有丰富购物经验和使用经验的用户""能够为我提供专业性建议的用户"，这些都是反映全局影响力的指标；在转发人知名度的问项中，"在领域内拥有占主导地位、影响力大的信息转发人的用户"的解释力明显强于"在领域内拥有占主导地位、影响力大的信息回帖人的用户"。所有问项对指标的解释力如表 6 - 8 所示。

表 6 - 8　　　　　　　　　　问项对关系互动指标的解释力分析

关系互动的测量指标	路径	系数
亲密度	Sim1 <--- 亲密度	0.670
	Sim2 <--- 亲密度	0.641
	Sim3 <--- 亲密度	0.749
	Int1 <--- 亲密度	0.816
	Int2 <--- 亲密度	0.837
	Int3 <--- 亲密度	0.803
信息发布者知名度	Pro1 <--- 信息发布者知名度	0.728
	Pro2 <--- 信息发布者知名度	0.755
	Pro3 <--- 信息发布者知名度	0.774
	Pup1 <--- 信息发布者知名度	0.614
	Pup2 <--- 信息发布者知名度	0.662
	Pup3 <--- 信息发布者知名度	0.780
转发人知名度	PP1 <--- 转发人知名度	0.619
	PP2 <--- 转发人知名度	1.263
移动社交初始信任	Inte1 <--- 移动社交初始信任	0.840
	Inte2 <--- 移动社交初始信任	0.868
	Ben1 <--- 移动社交初始信任	0.854
	Ben2 <--- 移动社交初始信任	0.740
	Com1 <--- 移动社交初始信任	0.781
	Com2 <--- 移动社交初始信任	0.805

关系互动的测量指标	路径	系数
购买意愿	WTB1 <--- 购买意愿	0.702
	WTB2 <--- 购买意愿	0.827
	WTB3 <--- 购买意愿	0.863
	WTB4 <--- 购买意愿	0.788
	WTR <--- 购买意愿	0.840
	WTRE <--- 购买意愿	0.825

在对信息价值和信息传播控制力的测量中，信息形式主要反映了信息发布的表现形式，例如文本、图片、视频、直播以及信息输出形式的可理解性等；信息内容主要反映信息本身的完整性、简洁性、准确性、真实性和有用性等；信息传播控制力主要反映信息发布的数量和信息被转发的数量。在对移动社交信息互动的所有测量问项中，对信息形式解释力较强的是"是有关产品型号、功能等事实型的信息""信息在视觉形式上（如标签、字体、颜色等）是有吸引力的""信息是图片形式的"，其他信息形式按解释力强弱的排序为信息的表现形式可以多样化、信息是视频形式的、信息是文本形式的、信息内容是轻松形式的和信息内容是直播形式的、信息内容是语音形式的；对信息内容解释力最强的是"信息内容是完全准确的""信息内容是完全真实的""信息内容对我是有帮助的"；信息传播控制力的两个问项中，"单位时间内被转发的次数最多的信息"的解释力强于"单位时间内出现的次数最多的信息"。所有问项对指标的解释力如表6-9所示。

表6-9 问项对信息互动指标的解释力分析

信息互动的测量指标	路径	系数
信息形式	IT1 <--- 信息形式	0.743
	IT2 <--- 信息形式	0.731

续表

信息互动的测量指标	路径	系数
信息形式	IF1 <--- 信息形式	0.655
	IF2 <--- 信息形式	0.670
	IF3 <--- 信息形式	0.734
	IF5 <--- 信息形式	0.726
	IF6 <--- 信息形式	0.619
	IF7 <--- 信息形式	0.730
	IF8 <--- 信息形式	0.735
	Tim <--- 信息形式	0.684
信息内容	IC1 <--- 信息内容	0.711
	IC3 <--- 信息内容	0.812
	IC4 <--- 信息内容	0.861
	IC5 <--- 信息内容	0.726
信息传播控制力	Qol1 <--- 信息传播控制力	0.823
	Qol2 <--- 信息传播控制力	0.936
移动社交初始信任	Inte1 <--- 移动社交初始信任	0.841
	Inte2 <--- 移动社交初始信任	0.868
	Ben1 <--- 移动社交初始信任	0.853
	Ben2 <--- 移动社交初始信任	0.738
	Com1 <--- 移动社交初始信任	0.780
	Com2 <--- 移动社交初始信任	0.805
购买意愿	WTB1 <--- 购买意愿	0.741
	WTB2 <--- 购买意愿	0.834
	WTB3 <--- 购买意愿	0.867
	WTB4 <--- 购买意愿	0.794
	WTR <--- 购买意愿	0.828
	WTRE <--- 购买意愿	0.829

6.7　结　果　讨　论

本章对移动社交互动对网络消费的影响机制模型进行了实证检验，先通过探索性因子分析、信度和效度分析相结合的方法对正式量表进行检验，然后采用结构方程模型和统计分析方法对相关假设进行了验证，试图为商家选择移动社交互动行为和移动社交营销策略提供决策依据。通过研究，得到以下主要结论和管理启示。

（1）本章在结合网络结构、移动社交互动行为及特征的移动社交互动构成要素的分析结果的基础上，通过探索性分析印证了移动社交互动四个构成要素的合理性和准确性：社交关系强度、社交影响范围、信息价值和信息传播控制力。社交关系强度主要反映了移动社交用户之间的亲密程度、相似程度和信息发布者的专业程度；社交影响范围主要反映信息发布者的知名度和信息转发者的知名度；信息价值主要反映信息本身的内容和传播形式；信息传播控制力反映的则是信息的发布量和被转发数量。

（2）本章揭示了初始信任阶段移动社交互动对网络消费的影响机制。在移动社交用户之间的初次接触阶段，移动社交互动的四个要素中，社交关系强度、社交影响范围、信息价值和信息传播控制力不仅对网络消费有显著的正向影响，还通过移动社交初始信任的中介作用影响网络消费；移动社交初始信任在社交关系强度、信息价值和信息传播控制力对网络消费的影响关系中起完全中介作用，而在社交影响范围对网络消费的影响关系中起部分中介作用。这说明，在移动社交互动的过程中，建立社交用户对商家的初始信任会促进移动社交用户的网络消费。

（3）本章验证了移动社交初始信任对网络消费有显著的正向影响，而移动社交互动作为移动社交初始信任的前置因子，其各个维度对移动社交初始信任的影响程度也不同。社交关系强度的总效应最强，其次是信息价值、信息传播控制力和社交影响范围。社交关系强度和信息价值均通过被信方的正直、善意和能力显著正向影响施信方对其的初始信任，社交影响范围通过被信方的正直显著影响初始信任，信息传播控制力通过被信方的善意显著影响初始信任。其中，社交关系强度主要体现被信者的善意特征，信息价值主要体现正直特征，信息传播控制力主要体现能力特征，而社交影响范围主要体现正直的特征。

（4）从关系互动的角度分析后发现，亲密度、信息发布者知名度和信息转发人知名度等因子合理地解释了社交关系强度和社交影响范围。亲密度主要反映了移动社交用户之间的亲密程度和相似程度；信息发布者知名度主要反映信息发布者的专业程度和声誉度；信息转发人知名度主要反映信息转发人的声誉度。同时，进一步研究了关系互动的各问项对指标的解释力发现，移动社交用户发布的信息被其好友多次评论、转发和点赞对亲密度的解释力更强，这说明这些局部信任信息能够使该用户与其他用户的关系更亲密，对其他用户的影响力也更大；移动社交用户在某领域内拥有较大影响力、具有丰富购物经验和使用经验以及能够提供专业性建议的全局信任指标信息对信息发布者知名有更强的解释力；对转发人知名度解释力最强的是在某领域内拥有影响力大的信息转发人的用户。

（5）从信息互动的角度分析后发现，信息形式、信息内容和信息传播控制力等因子合理地解释了信息价值和信息传播控制力。信息形式主要反映了信息发布的表现形式，例如文本、图片、视频、直播，以及信息输出形式的可理解性等；信息内容主要反映信息本身的完整性、简洁性、准确性、真实性和有用性等；信息传播控制力主要反映信息发布的数量和信息被转发的数量。同时，进一步研究了信息互动的各问项对指标的解释力发现，反映产品功能等事实类信息、拥有视觉吸引力的信息以及图片形式的信息对信息形式的解释力较强的，其他信息形式按解释力强弱的排序为信息的表现形式可以多样化、信息是视频形式的、信息是文本形式的、信息是轻松的和信息是直播形式的、信息是语音形式的；信息的准确性、真实性和有用性对信息内容的解释力较强，而单位时间内被转发的信息量对信息传播控制力的解释力更强。

（6）在三个控制变量中，收入对网络消费有显著的正向影响（$\beta = 0.060$，$t = 3.243$），年龄和性别对网络消费的影响不显著。这可能是因为个人收入决定了消费者的需求和购买计划，从而影响网络消费。而随着网络的普及和网民数量的激增，不同年龄层的消费者都开始积极网购，本书样本主要集中在移动社交平台中年龄 18 ~ 50 岁的普通用户。虽然年龄有较大的差异，但是只要是移动社交用户，其对新兴事物的接受和应用能力会强于普通网络使用者，这应该是年龄对网络消费不显著的原因。对于性别来说，虽然对选购商品的种类等偏好有所不同，但是由于网络技术的发展与普及，无论是男性还是女性普遍都会通过网络渠道购物，因此性别对网络消费的影响也不显著。

6.8　本 章 小 结

立足中国现实与研究需要，用一手数据解读中国故事背后的规律与机制，用客观事实展示移动社交里中国故事背后的内在逻辑与思想理论。本章对移动社交互动影响网络消费的理论模型进行了实证检验。选择移动社交平台中 18 ~ 50 岁的网络消费主体作为调查对象，并依据回收的数据对理论模型进行了实证检验。首先通过探索性因子分析、信度和效度分析相结合的方法对正式量表进行了检验，然后利用结构方程对提出的假设进行了检验。实证结果表明，移动社交互动的四个构成要素——社交关系强度、社交影响范围、信息价值和信息传播控制力对移动社交初始信任均有直接的正向影响；而社交关系强度、社交影响范围、信息价值和信息传播控制力又通过移动社交初始信任对移动社交用户的网络消费产生直接的正向影响。在三个控制变量中，收入对网络消费有显著的正向影响，而年龄和性别对网络消费的影响不显著。此外，该部分从关系互动和信息互动两个视角，进一步研究了促进移动社交用户网络消费的有效策略，加深了学界从移动社交互动的视角了解移动社交用户的网络消费，提高新媒体环境中的交互体验，从而为促进网络消费行为提供了决策依据和实践指导。

另外，本部分虽然对移动社交互动影响网络消费的模型进行了实证检验，但并未深入研究不同情境下，各类因素对移动社交互动和网络消费之间关系的调节效应，因此本书将在第 7 章分别从个体属性、网络属性、产品属性和其他外部属性等因素出发，探讨内部情境、外部情境和内外部情境交互作用下移动社交互动影响网络消费的调节机制。

移动社交互动影响网络消费的
内外部边界条件研究

移动社交网络环境下，网络交往和交易具有高度的虚拟性和复杂性，消费者对交易过程中的不确定性感知会更加敏感[263]，不同的环境要素对消费者网购意愿的影响不同[327]，而各种因素亦会影响移动社交互动策略的效果。研究情境和情境因素的异质性，给全面讲好中国故事及其背后的规律和机制增加了难度。为此，本书将基于移动社交互动影响网络消费的模型，进一步检验内外部情境因素对移动社交互动和网络消费之间关系的调节机制。首先，本章将检验内部情境因素对移动社交互动和网络消费之间关系的调节效应。其次，检验外部情境因素对二者之间关系的调节效应。最后，根据内外部情境因素的交互影响，针对不同移动社交平台特征，基于不同移动社交个体特征，对移动社交互动作用网络消费进行了多群分析，试图揭示在不同移动社交平台中，不同特征个体的移动社交互动对移动社交初始信任和网络消费影响的差异，为社交化商务企业的精准营销提供决策依据。

7.1　内部情境因素的调节效应检验

首先，本部分将检验内部情境因素在移动社交互动影响网络消费过程中的调节效应。本书中，内部情境因素是指移动社交用户的个体属性，包括网购经验、网购态度和网络涉入度等因素。

7.1.1　网购经验的调节效应

其一，本书就网购经验对移动社交互动和网络消费之间关系的调节作用进行了检验。先将 682 份问卷分为两组：第一组为 322 份关于网购经验较少的问卷，第二组为 360 份关于网购经验丰富的问卷。两个结构模型表明，从社交关系强度到被信方的正直，从社交影响范围到被信方的正直、善意和能力，从信息价值到被信方的善意、能力，从信息传播控制力到被信方的正直、善意和能力的路径明显不同，如图 7-1 所示，采用多群分析进一步测试各组的路径系数。结果表明，当移动社交用户的网购经验丰富时，社交关系强度对被信方的正直影响程度明显更强（$\beta=0.412$，$t=7.468$）；社交影响范围对被信方的正直、善意和能力影响程度明显更强（β 分别为 0.216、0.144、0.106，t 值分别为 3.820、2.859、2.207）；信息价值对被信方的善意影响程度明显更强（$\beta=0.121$，$t=2.135$）；信息传播控制力对被信方的正直、善意和能力影响程度也明显更强（β 分别为 0.043、0.084、0.018，t 值分别为 2.087、2.154、2.052）。当移动社交用户的网购经验较少时，信息价值对被信方的能力影响程度明显更强（$\beta=0.199$，$t=3.817$）。两组间其他路径无显著性差异。因此，网购经验在移动社交互动影响移动社交初始信任的过程中有明显的调节作用，假设 H5a 成立。

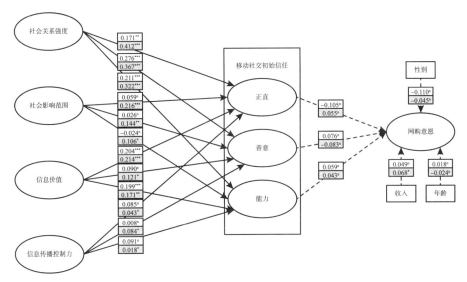

图 7 - 1　网购经验的调节效应

注：n = 不显著，＊、＊＊、＊＊＊分别表示在 0.05、0.01、0.001 水平上显著。

7.1.2　网购态度的调节效应

其二，本书就网购态度对移动社交互动和网络消费之间关系的调节作用进行了检验。网购态度是指移动社交用户对网络渠道购物的接受程度，移动社交用户网购态度好是指接受并乐于网购，而网购态度差是指不接受或不完全接受网购。先将 682 份问卷分为两组：第一组为 292 份关于网购态度差的问卷，第二组为 390 份关于网购态度好的问卷。两个结构模型表明，从社交关系强度到被信方的正直、善意、能力，从社交影响范围到被信方的正直、善意和能力，从信息价值到被信方的正直和能力，从信息传播控制力到被信方的正直和善意路径明显不同，如图 7 - 2 所示，采用多群分析进一步测试各组的路径系数。结果表明，对于网购态度好的移动社交用户，社交关系强度对被信方的正直、善意和能力影响程度明显更强（β 分别为 0.463、0.499、0.458，t 值分别为 7.818、8.110、8.223）；社交影响范围对被信方的正直、善意和能力影响程度明显更强（β 分别为 0.151、0.150、0.125，t 值分别为 2.756、3.110、2.583），信息价值对被信方的正直影响程度更强（$\beta = 0.158$，$t = 2.831$）。对于网购态度差的移动社交用户，信息价值对被信方的能力影响程度明显更强（$\beta = 0.141$，$t = 2.854$）。信息传播控制力对被信方的正直和善意影响程度明显更强（β 分别为 0.158、0.151，t 值分别为 2.694、2.867）。两组间其他路径无显著性差异。因此，网购态度在移动社交互动影响移动社交初始信任的过程中具有明显的调节作用，假设 H5b 成立。

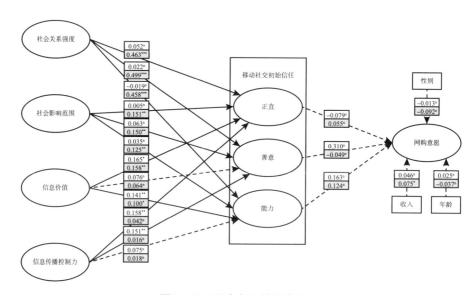

图 7 - 2　网购态度的调节效应

注：n = 不显著，*、**、*** 分别表示在 0.05、0.01、0.001 水平上显著。

7.1.3　网络涉入度的调节效应

其三，本书就网络涉入度对移动社交互动和网络消费之间关系的调节作用进行了检验。先将 682 份问卷分为两组：第一组为 316 份关于网络涉入度低的问卷，第二组为 366 份关于网络涉入度高的问卷。两个结构模型表明，从社交关系强度到被信方的正直、善意和能力，从社交影响范围对被信方的正直和能力，从信息价值到被信方的正直、善意和能力，从信息传播控制力到被信方的正直、善意和能力的路径明显不同，如图 7 - 3 所示，采用多群分析进一步测试各组的路径系数。结果表明，对于频繁登录和使用移动社交平台的用户而言，社交关系强度对被信方的正直影响程度明显更强（$\beta = 0.289$，$t = 6.079$）；社交影响范围对被信方的正直影响程度明显更强（$\beta = 0.118$，$t = 2.407$）；信息价值对被信方的正直、善意和能力影响程度明显更强（β 分别为 0.301、0.161、0.213，t 值分别为 5.744、3.561、4.676）；信息传播控制力对被信方的能力影响程度也明显更强（$\beta = 0.045$，$t = 2.960$）。对于使用移动社交平台不频繁的用户而言，社交关系强度对被信方的善意和能力影响程度明显更强（β 分别为 0.338、0.341，t 值分别为 4.294、4.353）；社交影响范围对被信方的能力影响程度明显更强（$\beta = 0.168$，$t = 2.114$）；信息传播控制力对被信方的正直和善意影响程度也明显更强（β 分别为

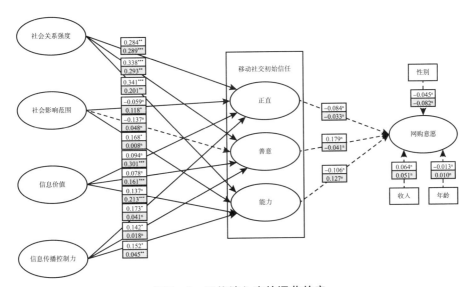

图 7 - 3　网络涉入度的调节效应

注：n = 不显著，＊、＊＊、＊＊＊分别表示在 0.05、0.01、0.001 水平上显著。

0.173、0.142，t 值分别为 2.470、2.126）。两组间其他路径无显著性差异。因此，网络涉入度在移动社交互动影响移动社交初始信任的过程中具有明显的调节作用，假设 H5c 成立。

7.1.4　个体属性的调节效应

其四，本书就个体属性对移动社交互动和网络消费之间关系的调节作用进行了检验。先将 682 份问卷分为两组：第一组为 325 份关于网购经验较少、网购态度差和网络涉入度低的问卷，第二组为 357 份关于网购经验丰富、网购态度好和网络涉入度高的问卷。两个结构模型表明，从社交关系强度到被信方的正直、善意、能力，从社交影响范围到被信方的正直、善意和能力，从信息价值到被信方的正直，从信息传播控制力到被信方的正直和善意的路径明显不同，如图 7 - 4 所示，采用多群分析进一步测试各组的路径系数。结果表明，当施信方网购经验丰富、

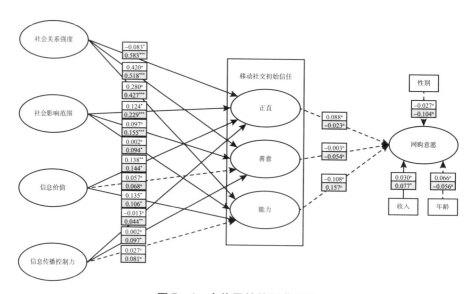

图 7 - 4　个体属性的调节效应

注：n = 不显著，*、**、*** 分别表示在 0.05、0.01、0.001 水平上显著。

网购态度好、网络涉入度高时，社交关系强度对被信方的正直、善意和能力的影响程度明显更强（β分别为0.583、0.518、0.427，t值分别为8.969、8.307、7.678）；社交影响范围对被信方的正直、善意和能力的影响程度明显更强（β分别为0.229、0.155、0.094，t值分别为4.202、3.407、2.035）；信息传播控制力对被信方的正直和善意的影响程度也明显更强（β分别为0.144、0.097，t值分别为2.609、2.107）。当施信方网购经验欠丰富、网购态度差、网络涉入度低时，信息价值对被信方的正直影响程度明显更强（$\beta = 0.138$，$t = 2.695$）。两组间其他路径无显著性差异。因此，个体属性在移动社交互动影响移动社交初始信任的过程中具有明显的调节作用，假设H5成立。

7.2　外部情境因素的调节效应检验

其次，本部分将检验外部情境因素在移动社交互动影响网络消费过程中的调节效应。本书中，外部情境因素包括网络属性、产品属性和其他外部属性。其中，网络属性是指移动社交平台的特征，即移动社交用户对社交平台网络易用性和网络有用性的感知。网络的感知有用性是指，个体认为使用某项技术对自己工作绩效或预期收益的提高程度，而感知易用性是指，个体认为使用某项技术的难易程度[216]；产品属性包括产品价格和品牌知名度等体现产品质量的外在因素和产品类型；而其他外部属性是指售前服务质量和销售过程中的物流质量和交易安全性等因素。

7.2.1　网络属性的调节效应

其一，本书将分别对网络易用性、网络有用性和网络属性在移动社交互动影响网络消费过程中的调节效应进行检验。

7.2.1.1　网络易用性的调节效应

本书就网络易用性对移动社交互动和网络消费之间关系的调节作用进行了检验。先将682份问卷分为两组：第一组为268份关于网络感知易用性低的问卷，第二组为414份关于网络感知易用性高的问卷。两个结构模型表明，从社交关系强度到被信方的正直、善意、能力，从社交影响范围到被信方的善意和能力，从信息价值到被信方的正直、善意和能力，从信息传播控制力到被信方的正直和能力的路径明显不同，如图7-5所示，采用多群分析进一步测试各组的路径系数。结果表明，当移动社交用户对网络感知易用性高时，信息价值对被信方的正直、善意和能力影响程度明显更强（β分别为0.348、0.264、0.304，t值分别为6.132、4.886、5.966）；信息传播控制力对被信方的正直和能力影响程度也明显更强（β分别为0.084、0.085，t值分别为2.036、1.969）。当移动社交用户对网络感知易用性低时，社交关系强度对被信方的正直、善意和能力的影响程度明显更强（β分别为0.370、0.312、0.394，t值分别为5.465、4.828、5.762）；社交影响范围对被信方的善意和能力的影响程度明显更强（β分别为0.150、0.139，t值分别为2.825、1.977）。两组间其他路径无显著性差异。因此，网络感知易用性在移动社交互动影响移动社交初始信任的过程中起显著的调节作用，假设H6a成立。

7.2.1.2　网络有用性的调节效应

本书就网络有用性对移动社交互动和网络消费之间关系的调节作用进行了检验。先将682份问卷分为两组：第一组为304份关于感知网络有用性低的问卷，第二组为378份关于感知网络有用性高的问卷。两个结构模型表明，从社交关系强度到被信方的正直、善意、能力，从社交影响范围到被信方的正直、善意和能力，从信息价值到被信方的能力，从信息传播控制力到被信方的正直、善意和能力的路径明显不同，如图7-6所示，采用多群分析进一步测试各组的路径系数。结果表明，当移动社交用户对网络有用性感知高时，社交关系强度对被信方的正直、

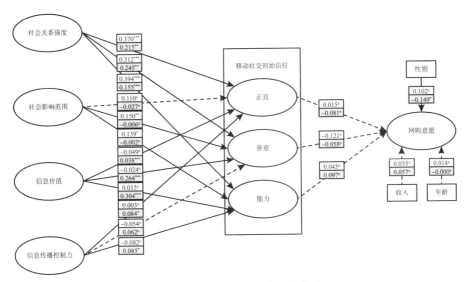

图 7 - 5 网络易用性的调节效应

注：n = 不显著，＊、＊＊、＊＊＊分别表示在 0.05、0.01、0.001 水平上显著。

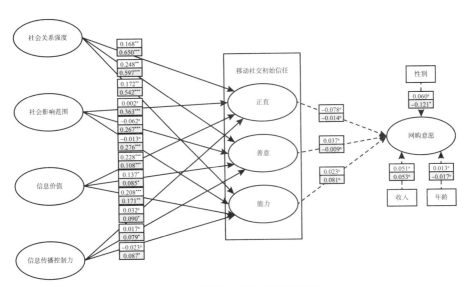

图 7 - 6 网络有用性的调节效应

注：n = 不显著，＊、＊＊、＊＊＊分别表示在 0.05、0.01、0.001 水平上显著。

善意和能力的影响程度明显更强（β 分别为 0.650、0.597、0.542，t 值分别为 9.702、9.180、9.023）；社交影响范围对被信方的正直、善意和能力的影响程度明显更强（β 分别为 0.363、0.267、0.276，t 值分别为 6.437、5.193、5.438）信息传播控制力对被信方的正直、善意和能力的影响程度也明显更强（β 分别为 0.090、0.079、0.087，t 值分别为 2.012、2.211、2.003）。当移动社交用户对网络有用性的感知低时，信息价值对被信方的能力影响程度明显更强（$\beta = 0.208$，$t = 3.587$）。两组间其他路径无显著性差异。因此，网络感知有用性在移动社交互动影响移动社交初始信任的过程中起显著的调节作用，假设 H6b 成立。

7.2.1.3 网络属性的调节效应

本书就网络属性对移动社交互动和网络消费之间关系的调节作用进行了检验。将 682 份问卷分为两组：第一组为 316 份关于网络的感知有用性和感知易用性低的问卷，第二组为 366 份关于网络的感知有用性和感知易用性高的问卷。两个结构模型表明，从社交影响范围到被信方的正直、善意和能力，从信息价值到被信方的正直、善意和能力，从信息传播控制力对被信方的正直、善意和能力的路径均明显不同，如图 7-7 所示，并采用多群分析进一步测试各组的路径系数。结果表明，当移动社交用户对网络有用性和易用性感知较高时，社交影响范围对被信方的正直、善意和能力的影响程度明显更强（β 分别为 0.197、0.139、0.108，t 值分别为 3.584、2.643、2.200）；信息价值对被信方的正直、善意和能力影响程度明显更强（β 分别为 0.311、0.223、0.252，t 值分别为 5.360、3.995、4.785）；信息传播控制力对被信方的正直、善意和能力影响程度也明显更强（β 分别为 0.121、0.100、0.095，t 值分别为 2.404、2.047、2.065）。两组间其他路径无显著性差异。因此，网络属性在移动社交互动影响移动社交初始信任的过程中起显著的调节作用，H6 成立。

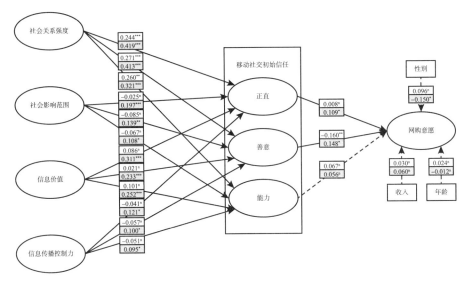

图 7 - 7　网络属性的调节效应

注：n = 不显著，＊ 、＊＊ 、＊＊＊ 分别表示在 0.05、0.01、0.001 水平上显著。

7.2.2　产品属性的调节效应检验

其二，本书将分别对产品价格、品牌知名度、产品质量和产品类型等产品属性在移动社交互动影响网络消费过程中的调节效应进行检验。

7.2.2.1　产品价格的调节效应

本书就产品价格对移动社交互动和网络消费之间关系的调节作用进行了检验。产品价格的高低主要来自消费者对产品价格的感知，因此，先将 682 份问卷分为两组：第一组为 422 份关于产品价格感知低的问卷，第二组为 260 份关于对产品价格感知高的问卷。两个结构模型表明，从移动社交初始信任到施信方购买意愿的路径明显不同，如图 7 - 8 所示，采用多群分析进一步测试各组的路径系数。结果表明，当移动社交用户感知产品价格高时，被信方的正直对移动社交用户的网购意愿影响更强（$\beta = 0.086$，$t = 2.860$），被信方的善意对移动社交用户的网购意愿影响更强（$\beta = 0.174$，$t = 2.208$），被信方的能力对移动社交用户的网购意愿影响更强（$\beta=0.060$，$t=2.183$）。两组间其他路径无明显差异。因此，产品价格在移动社交初始信任影响网络消费的过程中起显著的调节作用，H7a 成立。

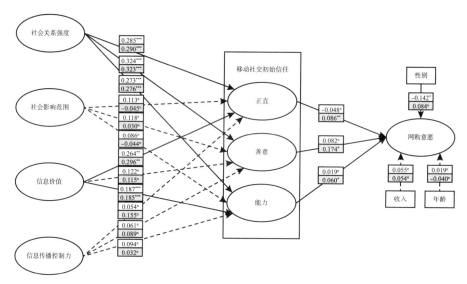

图 7-8　产品价格的调节效应

注：n = 不显著，＊、＊＊、＊＊＊分别表示在 0.05、0.01、0.001 水平上显著。

7.2.2.2　品牌知名度的调节效应

本书就品牌知名度对移动社交互动和网络消费之间关系的调节作用进行了检验。先将 682 份问卷取中位数分为两组：第一组为 303 份关于品牌知名度感知低的问卷，第二组为 379 份关于品牌知名度感知高的问卷。两个结构模型表明，从移动社交初始信任到施信方购买意愿的路径明显不同，如图 7-9 所示，采用多群分析进一步测试各组的路径系数。结果表明，当品牌知名度感知高时，被信方的正直和善意对施信方网购意愿的影响明显更强（β 分别为 0.233、0.146，t 值分别为 4.135、2.798），两组间其他路径无明显差异。因此，品牌知名度在移动社交初始信任对网络消费的影响过程中起明显的调节作用，H7b 成立。

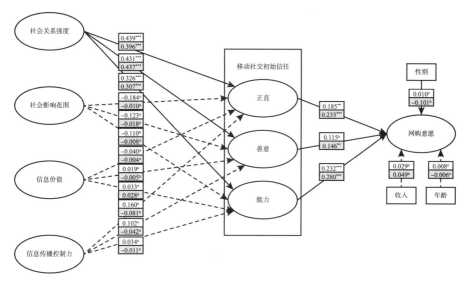

图 7 - 9　品牌知名度的调节效应

注：n = 不显著，＊、＊＊、＊＊＊分别表示在 0.05、0.01、0.001 水平上显著。

7.2.2.3　产品质量的调节效应

本书就产品质量对移动社交互动和网络消费之间关系的调节作用进行了检验。本书认为对于移动社交用户而言，产品质量高就产品性价比高，先将 682 份问卷取中位数分为两组：第一组为 319 份关于产品价格高、品牌知名度低的问卷，第二组为 363 份关于产品价格低、品牌知名度高的问卷。两个结构模型表明，从移动社交初始信任到施信方购买意愿的路径明显不同，如图 7 - 10 所示，采用多群分析进一步测试各组的路径系数。结果表明，当感知产品质量高，即产品价格低、品牌知名度高时，被信方的善意和能力对施信方网购意愿的影响明显更强（β 分别为 0.287、0.403，t 值分别为 5.908、4.910）。当感知产品质量低，即产品价格高、品牌知名度低时，被信方的正直对施信方网购意愿的影响明显更强（β = 0.177，t = 4.371）。因此，产品质量在移动社交初始信任对网络消费的影响过程中起明显的调节作用，H7 成立。

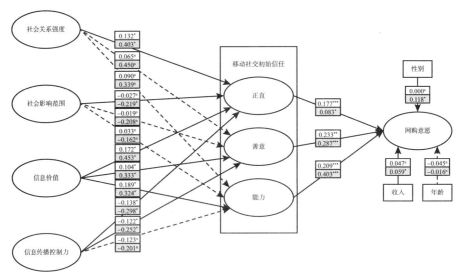

图 7 – 10　产品质量的调节效应

注：n = 不显著，∗ 、∗∗ 、∗∗∗ 分别表示在 0.05、0.01、0.001 水平上显著。

7.2.2.4　产品类型的调节效应

本书就产品类型对移动社交互动和网络消费之间关系的调节作用进行了检验。将 682 份问卷分为两组：第一组为 392 份关于搜索型产品的问卷，第二组为 290 份关于体验型产品的问卷。两个结构模型表明，从移动社交初始信任到施信方购买意愿的路径明显不同，如图 7 – 11 所示，采用多群分析进一步测试各组的路径系数。结果表明，当产品是搜索型时，被信方的正直对施信方的网购意愿影响更强（$\beta = 0.163$，$t = 5.788$），而当产品是体验型时，被信方的能力对施信方的网购意愿影响更强（$\beta = 0.245$，$t = 7.234$）。两组间其他路径无明显差异。因此，产品类型在移动社交初始信任对网络消费的影响过程中起明显的调节作用，H7c 成立。

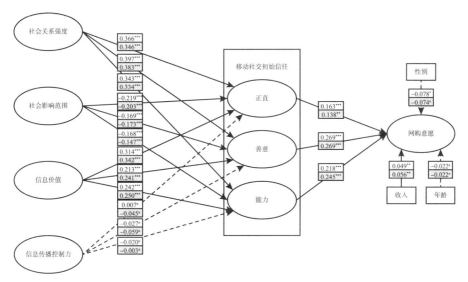

图 7 – 11　产品类型的调节效应

注：n = 不显著，＊、＊＊、＊＊＊分别表示在 0.05、0.01、0.001 水平上显著。

7.2.3　其他外部属性的调节效应分析

本书将分别对售前服务质量和售中服务质量等其他外部属性在移动社交互动影响网络消费过程中的调节效应进行检验。

7.2.3.1　售前服务质量的调节效应

本书就售前服务质量对移动社交互动和网络消费之间关系的调节作用进行了检验。将 682 份问卷分为两组：第一组为 285 份关于售前服务质量感知差的问卷，第二组为 397 份关于售前服务质量感知好的问卷。两个结构模型表明，从移动社交初始信任到施信方购买意愿的路径明显不同，如图 7 – 12 所示，采用多群分析进一步测试各组的路径系数。结果表明，当移动社交用户对售前服务质量感知较好时，被信方的正直、善意和能力对其网购意愿的影响程度更强（β 分别为 0.267、0.249、0.214，t 值分别为 5.410、5.581、4.869）。因此，售前服务质量在移动社交初始信任对网络消费的影响过程中起明显的调节作用，假设 H8a

成立。

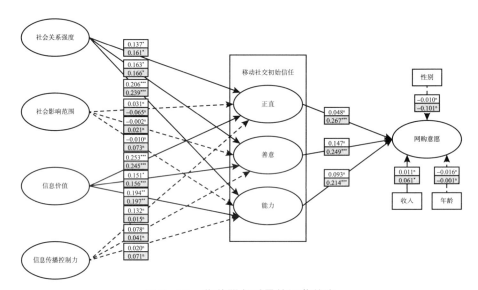

图 7 - 12   售前服务质量的调节效应

注：n = 不显著，＊、＊＊、＊＊＊分别表示在 0.05、0.01、0.001 水平上显著。

7.2.3.2   售中服务质量的调节效应

本书就售中服务质量对移动社交互动和网络消费之间关系的调节作用进行了检验。售中服务质量主要包括物流质量和交易安全性，所以将682 份问卷分为两组：第一组为 323 份关于售中服务质量感知差的问卷，第二组为 359 份关于售中服务感知好的问卷。两个结构模型表明，从移动社交初始信任到施信方购买意愿的路径明显不同，如图 7 - 13 所示，采用多群分析进一步测试各组的路径系数。结果表明，当移动社交用户对售中服务质量感知较好时，被信方的正直、善意和能力对其网购意愿的影响程度更强（β 分别为 0.272、0.236、0.169，t 值分别为 4.383、4.319、3.305）。因此，售中服务质量在移动社交初始信任对网络消费的影响过程中起明显的调节作用，假设 H8b 成立。

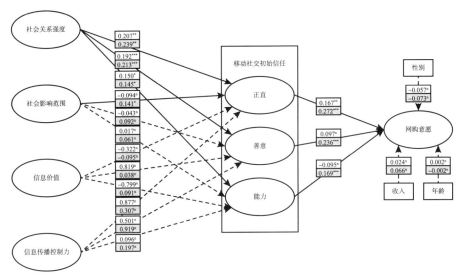

图 7 - 13 售中服务质量的调节效应

注：n = 不显著，＊、＊＊、＊＊＊ 分别表示在 0.05、0.01、0.001 水平上显著。

7.2.3.3 其他外部属性的调节效应

本书就其他外部属性对移动社交互动和网络消费之间关系的调节作用进行了检验。将 682 份问卷分为两组：第一组为 307 份关于其他外部属性较差的问卷，第二组为 375 份关于其他外部属性较好的问卷。两个结构模型表明，从移动社交初始信任到施信方购买意愿的路径明显不同，如图 7 - 14 所示，采用多群分析进一步测试各组的路径系数。结果表明，当移动社交用户认为其他外部属性较好，即被信方的服务质量高、物流速度快且交易安全性强时，被信方的正直、善意和能力对施信方网购意愿的影响更强（β 分别为 0.567、0.606、0.538，t 值分别为 3.445、2.287、3.648）。因此，其他外部属性在移动社交初始信任对网络消费的影响过程中起明显的调节作用，H8 成立。

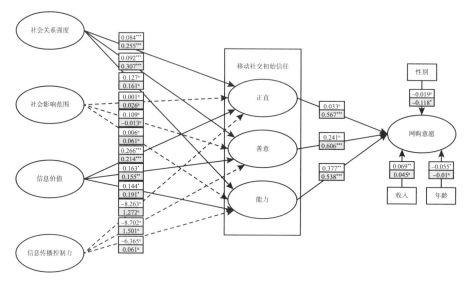

图 7 - 14　其他外部属性的调节效应

注：n = 不显著，* 、** 、*** 分别表示在 0.05、0.01、0.001 水平上显著。

7.3　内外部情境交互作用下移动社交互动影响网络消费的多群分析

　　人口统计学特征，如年龄、性别和收入状况等对消费者购买意愿具有显著影响[328]，而未考虑不同类型平台的差异性可能会使研究结果存在一定的局限性[329]。本部分将针对不同特征的平台，依据性别、年龄和收入对调查样本进行多群分析，研究在不同性别、不同年龄层次和不同收入级别的群体中，移动社交互动对移动社交初始信任和网络消费的具体作用，探寻交互策略和移动社交营销策略的决策依据。另外，对于移动社交平台的选取，本书将选择现今主流的三类移动社交平台，即时通信类（如微信、陌陌）、微博客类（如新浪微博、腾讯微博）和内容社区类［如豆瓣、哔哩哔哩（bilibili）］等。在本次调查中，共有 667 位受访者使用即时通信类平台，234 位受访者使用微博客类平台，176

位受访者使用内容社区类平台。

7.3.1　即时通信类平台的多群分析

首先，针对即时通信类平台，基于性别、年龄和收入，对移动社交互动影响网络消费和移动社交初始信任的差异进行了分析。

7.3.1.1　基于性别的分析

将 667 份即时通信类平台用户的问卷依据性别分为两组：第一组为 256 份关于男性受访者的问卷，第二组为 411 份关于女性受访者的问卷。两个结构模型的分析结果显示，从社交关系强度、社交影响范围、信息价值和信息传播控制力到网购愿意，从社交影响范围和信息价值到移动社交初始信任的路径均明显不同，采用多群分析进一步测试各组的路径系数，如表 7 - 1 所示。结果表明，第一，对男性受访者而言，社交关系强度和信息价值对其网购意愿的影响显著（β 分别为 0.155、0.042，t 值分别为 3.338、2.079），社交关系强度和社交影响范围对移动社交初始信任的影响显著（β 分别为 0.244、0.257，t 值分别为 3.789、3.324）；对女性受访者来说，社交关系强度、社交影响范围和信息传播控制力对其购买意愿的影响显著（β 分别为 0.062、0.107、0.081，t 值分别为 2.112、3.464、2.758）；社交关系强度和信息价值对移动社交初始信任的影响显著（β 分别为 0.161、0.267，t 值分别为 3.810、5.508）。第二，比较而言，在影响网络消费的各因素中，男性受访者更重视社交关系强度和信息价值，女性受访者更重视社交影响范围和信息传播控制力；在影响移动社交初始信任的各因素中，男性受访者更重视社交影响范围，而女性受访者更重视信息价值。此外，两组都认为移动社交初始信任对网购意愿的影响较强（β 分别为 0.569、0.453，t 值分别为 9.632、9.261），其他路径无显著性差异。

表 7-1　　　　　　　　　　　　基于性别差异的多群组分析结果

路径	男		女	
	系数	t 值	系数	t 值
初始信任 <--- 社交关系强度	0.244 ***	3.789	0.161 ***	3.810
初始信任 <--- 社交影响范围	0.257 ***	3.324	-0.039	-0.906
初始信任 <--- 信息价值	0.087	1.304	0.267 ***	5.508
初始信任 <--- 信息传播控制力	-0.038	-0.058	-0.062	-1.490
购买意愿 <--- 社交关系强度	0.155 ***	3.338	0.062 *	2.112
购买意愿 <--- 社交影响范围	-0.044	-0.839	0.107 ***	3.464
购买意愿 <--- 信息价值	0.042 *	2.079	-0.012	-0.342
购买意愿 <--- 信息传播控制力	0.077	1.699	0.081 **	2.758
购买意愿 <--- 初始信任	0.569 ***	9.632	0.453 ***	9.261

注：*、**、***分别表示在 0.05、0.01、0.001 水平上显著。

7.3.1.2　基于年龄的分析

将 667 份问卷依据年龄层次分为四组：第一组为 143 份关于 18～25 岁即时通信类平台用户的问卷，第二组为 151 份关于 26～30 岁即时通信类平台用户的问卷，第三组为 246 份关于 31～40 岁即时通信类平台用户的问卷，第四组为 127 份关于 41～50 岁即时通信类平台用户的问卷。四个结构模型的分析结果表明，从社交关系强度、社交影响范围和信息传播控制力到网购愿意，从社交关系强度、社交影响范围、信息价值和信息传播控制力到移动社交初始信任的路径均明显不同，采用多群分析进一步测试各组的路径系数，如表 7-2 所示。结果表明，第一，社交关系强度、社交影响范围、信息价值和信息传播控制力对 18～25 岁受访者的移动社交初始信任影响显著（β 分别为 0.123、0.172、0.474、0.170，t 值分别为 2.145、2.178、4.151、2.182），而社交关系强度、社交影响范围、信息价值和信息传播控制力对其网购意愿的影响均不显著；社交关系强度对 26～30 岁受访者的网购意愿影响显著

（$\beta = 0.118$，$t = 2.087$），社交影响范围和信息传播控制力对其移动社交初始信任的影响显著（β 分别为 0.327、0.122，t 值分别为 2.843、2.209）；信息传播控制力和社交影响范围对 31~40 岁受访者的网购意愿影响显著（β 分别为 0.130、0.099，t 值分别为 3.243、2.259），社交关系强度和信息价值对其移动社交初始信任的形成影响显著（β 分别为 0.317、0.129，t 值分别为 5.259、2.006）；社交影响范围对 41~50 岁受访者的网购意愿影响显著（$\beta = 0.112$，$t = 1.994$），信息价值和社交影响范围对其移动社交初始信任的影响显著（β 分别为 0.193、0.190，t 值分别为 2.674、2.282）。第二，在影响网购意愿的各因素中，最重视社交关系强度的是 20~30 岁的受访者，最重视社交影响范围的是 41~50 岁的受访者，最重视信息传播控制力的是 31~40 岁的受访者；在影响移动社交初始信任的各因素中，最重视社交关系强度的是 31~40 岁的受访者，而最重视社交影响范围的是 26~30 岁的受访者，最重视信息价值的是 18~25 岁的受访者，而最重视信息传播控制力的是 26~30 岁的受访者。此外，各组都认为移动社交初始信任对网购意愿的影响较强（β 分别为 0.267、0.581、0.533、0.522，t 值分别为 3.069、8.073、8.148、6.421），其他路径无显著性差异。

表 7 - 2　　　　　　　基于年龄差异的多群组分析结果

路径	18~25 岁	26~30 岁	31~40 岁	41~50 岁
初始信任 <--- 社交关系强度	0.123 * (2.145)	0.097 (1.127)	0.317 *** (5.259)	0.100 (1.133)
初始信任 <--- 社交影响范围	0.172 * (2.178)	0.327 ** (2.843)	−0.019 (−0.331)	0.190 * (2.282)
初始信任 <--- 信息价值	0.474 *** (4.151)	0.025 (0.286)	0.129 * (2.006)	0.193 ** (2.674)
初始信任 <--- 信息传播控制力	0.170 * (2.182)	0.172 * (2.029)	−0.064 (−1.234)	−0.093 (−1.095)

续表

路径	18~25 岁	26~30 岁	31~40 岁	41~50 岁
购买意愿 <--- 社交关系强度	0.048 (1.125)	0.118* (2.087)	-0.078 (-1.692)	0.010 (0.171)
购买意愿 <--- 社交影响范围	-0.014 (-0.256)	0.083 (1.174)	0.099* (2.259)	0.112* (1.994)
购买意愿 <--- 信息价值	0.146 (1.766)	0.072 (1.278)	-0.040 (-0.824)	-0.055 (-1.150)
购买意愿 <--- 信息传播控制力	0.037 (0.647)	-0.067 (-1.215)	0.130*** (3.243)	0.109 (1.931)
购买意愿 <--- 初始信任	0.267** (3.069)	0.581*** (8.073)	0.533*** (8.148)	0.522*** (6.421)

注：*、**、*** 分别表示在 0.05、0.01、0.001 水平上显著。

7.3.1.3 基于收入的分析

将 667 份问卷按照不同的收入级别分为四组：第一组为 126 份关于月收入 2 000 元以下的问卷，第二组为 268 份关于月收入 2 000~5 000元的问卷，第三组为 198 份关于月收入 5 000~10 000 元的问卷，第四组为 75 份关于月收入 10 000 元以上的问卷。四个结构模型的分析结果表明，从社交关系强度、社交影响范围和信息传播控制力到网购愿意，从社交关系强度、社交影响范围、信息价值和信息传播控制力到移动社交初始信任的路径均明显不同。采用多群分析进一步测试各组的路径系数，如表 7-3 所示，结果表明，第一，信息价值对月收入 2 000 元以下受访者的移动社交初始信任形成影响显著（$\beta = 0.341$，$t = 3.172$）；社交影响范围和信息传播控制力对月收入在 2 000~5 000 元受访者的网购意愿影响显著（β 分别为 0.136、0.080，t 值分别为 3.503、2.284），信息价值、社交关系强度和信息传播控制力对其移动社交初始信任的影响显著（β 分别为 0.282、0.196、0.111，t 值分别为 4.826、3.434、2.030）；社交影响范围对月收入在 5 000~10 000 元受访者的移动社交

信任的影响显著（$\beta = 0.299$，$t = 3.934$）；社交关系强度对月收入
10 000 元以上受访者的网购意愿影响显著（$\beta = 0.104$，$t = 1.906$），社
交关系强度对其移动社交初始信任的形成影响显著（$\beta = 0.572$，$t = 2.986$），其他路径均不显著。第二，在影响网购意愿的各因素中，最重
视社交关系强度的是月收入 10 000 元以上的受访者，月收入 2 000 ～
5 000 元的受访者最重视社交影响范围和信息传播控制力，其他路径均
不显著；在影响移动社交初始信任的各因素中，最重视信息传播控制力
和信息价值的是月收入 2 000 ～ 5 000 元的受访者，最重视社交影响范围
的是月收入 5 000 ～ 10 000 元的受访者，最重视社交关系强度的是月收
入 10 000 元以上的受访者。此外，除月收入 2 000 元以下的受访者，其
他各组都认为移动社交初始信任对网购意愿的影响显著（β 分别为
0.613、0.500、0.451，t 值分别为 11.252、6.790、4.506），其他路径
无显著性差异。

表 7 - 3　　　　　　　　　　基于收入差异的多群组分析结果

路径	2 000 元以下	2 000 ～ 5 000 元	5 000 ～ 10 000 元	10 000 元以上
初始信任 <--- 社交关系强度	0.088 (1.515)	0.196 *** (3.434)	0.077 (1.199)	0.572 ** (2.986)
初始信任 <--- 社交影响范围	− 0.128 (− 1.629)	0.037 (0.639)	0.299 *** (3.934)	− 0.072 (− 0.482)
初始信任 <--- 信息价值	0.341 ** (3.172)	0.282 *** (4.826)	0.098 (1.494)	− 0.067 (− 0.378)
初始信任 <--- 社交传播控制力	− 0.033 (− 0.516)	0.111 * (2.030)	− 0.002 (− 0.026)	0.090 (0.602)
购买意愿 <--- 社交关系强度	0.059 (1.280)	− 0.047 (− 1.307)	0.018 (0.345)	0.104 * (1.906)
购买意愿 <--- 社交影响范围	− 0.027 (− 0.451)	0.136 *** (3.503)	− 0.002 (− 0.038)	0.076 (0.889)
购买意愿 <--- 信息价值	0.156 (1.827)	− 0.031 (− 0.833)	− 0.002 (− 0.030)	0.033 (0.325)

续表

路径	2 000 元以下	2 000~5 000 元	5 000~10 000 元	10 000 元以上
购买意愿 <--- 信息传播控制力	0.055 （1.092）	0.080 * （2.284）	0.082 （1.479）	0.151 （1.720）
购买意愿 <--- 初始信任	0.166 （1.837）	0.613 *** （11.252）	0.500 *** （6.790）	0.451 *** （4.506）

注：*、**、*** 分别表示在 0.05、0.01、0.001 水平上显著。

7.3.2 微博客类平台的多群分析

针对微博客类平台，基于性别、年龄和收入，对移动社交互动影响网络消费和移动社交初始信任的差异进行了分析。

7.3.2.1 基于性别的分析

将 234 份微博客类平台用户的问卷依据性别分为两组：第一组为 65 份关于男性受访者的问卷，第二组为 169 份关于女性受访者的问卷。两个结构模型的分析结果显示，从社交关系强度和信息价值到网购愿意，从社交关系强度、社交影响范围和信息价值到移动社交初始信任的路径均明显不同，采用多群分析进一步测试各组的路径系数，如表 7-4 所示。结果表明，第一，对男性受访者而言，社交关系强度和信息价值对其网购意愿的影响显著（β 分别为 0.206、0.247，t 值分别为 2.380、2.218），社交影响范围对移动社交初始信任的影响显著（$\beta = 0.310$，$t = 2.184$）；对女性受访者来说，信息价值对其购买意愿的影响显著（$\beta = 0.115$，$t = 1.978$）；社交关系强度和信息价值对移动社交初始信任的影响显著（β 分别为 0.193、0.292，t 值分别为 3.086、3.287）。第二，比较而言，在影响网购意愿的各因素中，男性受访者更重视信息价值和社交关系强度，女性受访者仅重视信息价值；在影响移动社交初始信任的各因素中，男性受访者更重视社交影响范围，而女性受访者更重视信息价值和社交关系强度。此外，两组都认为移动社交初始信任对网购意愿的影响较强（β 分别为 0.630、0.323，t 值分别为 5.806、4.495），其他路径无显著性差异。

表 7 – 4   基于性别差异的多群组分析结果

路径	男		女	
	系数	t 值	系数	t 值
初始信任 <--- 社交关系强度	0.184	1.415	0.193 **	3.086
初始信任 <--- 社交影响范围	0.310 *	2.184	− 0.059	− 0.965
初始信任 <--- 信息价值	− 0.308	− 1.810	0.292 **	3.287
初始信任 <--- 信息传播控制力	0.071	0.465	− 0.074	− 1.269
购买意愿 <--- 社交关系强度	0.206 *	2.380	− 0.025	− 0.648
购买意愿 <--- 社交影响范围	− 0.100	− 1.138	0.037	0.947
购买意愿 <--- 信息价值	0.247 *	2.218	0.115 *	1.978
购买意愿 <--- 信息传播控制力	0.017	0.186	0.025	0.664
购买意愿 <--- 初始信任	0.630 ***	5.806	0.323 ***	4.495

注：*、**、***分别表示在 0.05、0.01、0.001 水平上显著。

7.3.2.2 基于年龄的分析

将 234 份问卷依据年龄层次分为四组：第一组为 116 份关于 18～25 岁微博客类平台用户的问卷，第二组为 51 份关于 26～30 岁微博客类平台用户的问卷，第三组为 53 份关于 31～40 岁微博客类平台用户的问卷，第四组为 14 份关于 41～50 岁微博客类平台用户的问卷。四个结构模型的分析结果表明，从社交关系强度、社交影响范围、信息价值和信息传播控制力到网购愿意，从社交影响范围和信息价值到移动社交初始信任的路径均明显不同，采用多群分析进一步测试各组的路径系数，如表 7 – 5 所示。结果表明，第一，信息价值对 18～25 岁微博客用户的初始信任影响显著（β = 0.237，t = 2.099），而社交关系强度、社交影响范围、信息价值和信息传播控制力对其网购意愿的影响均不显著；信息价值对 26~30 岁受访者的网购意愿影响显著（$\beta = 0.318$，$t = 3.467$），社交影响范围对其移动社交初始信任的形成影响显著（$\beta = 0.499$，$t = 3.465$）；社交关系强度对 31~40 岁受访者的网购意愿影响显著（$\beta = 0.230$，$t = 2.726$）；社交关系强度和信息价值对 41~50 岁受访者的网购意愿影响显著（β 分别为 0.192、0.150，t 值分别为 3.461、3.006），社交影响范围和信息传播控制力均负向影响其购买意愿。第二，在影响网购意愿的各因素中，最重视社交关系强度的是 41~50 岁的受访者，最重视信息价值的是 26~30 岁的受访者；在影响移动社交初始信任的各因素中，最重视社交影响范围的是 26~30 岁的受访者，最重视信息价值的是 18~25 岁的受访者。此外，各组都认为移动社交初始信任对网购意愿的影响较强（β 分别为 0.188、0.740、0.594、0.302，t 值分别为 2.265、5.871、4.912、2.202），其他路径无显著性差异。

表 7-5　　　　　　　　基于年龄差异的多群组分析结果

路径	18~25 岁	26~30 岁	31~40 岁	41~50 岁
初始信任 <--- 社交关系强度	0.119 (1.698)	0.154 (1.435)	0.175 (1.568)	0.078 (0.455)
初始信任 <--- 社交影响范围	-0.135 (-1.636)	0.499 *** (3.465)	-0.026 (-0.251)	0.010 (0.044)
初始信任 <--- 信息价值	0.237 * (2.099)	-0.211 (-1.654)	-0.096 (-0.658)	0.048 (0.476)
初始信任 <--- 信息传播控制力	-0.027 (-0.309)	0.169 (1.277)	-0.027 (-0.294)	-0.028 (-0.092)
购买意愿 <--- 社交关系强度	0.026 (0.543)	-0.110 (-1.554)	0.230 ** (2.726)	0.192 *** (3.461)
购买意愿 <--- 社交影响范围	0.002 (0.036)	-0.079 (-0.846)	-0.042 (-0.621)	-0.717 ** (3.141)
购买意愿 <--- 信息价值	0.136 (1.658)	0.318 *** (3.467)	0.079 (0.830)	0.150 ** (3.006)

续表

路径	18~25 岁	26~30 岁	31~40 岁	41~50 岁
购买意愿 <--- 信息传播控制力	0.059 (0.990)	-0.054 (-0.626)	0.004 (0.068)	-0.347 *** (-5.633)
购买意愿 <--- 初始信任	0.188 * (2.265)	0.740 *** (5.871)	0.594 *** (4.912)	0.302 * (2.202)

注: * 、** 、*** 分别表示在0.05、0.01、0.001 水平上显著。

7.3.2.3 基于收入的分析

将 234 份微博客类平台用户的问卷按照不同的收入级别分为四组:第一组为 97 份关于月收入 2 000 元以下的问卷,第二组为 69 份关于月收入 2 000~5 000 元的问卷,第三组为 50 份关于月收入 5 000~10 000 元的问卷,第四组为 18 份关于月收入 10 000 元以上的问卷。四个结构模型的分析结果表明,从社交影响范围和信息价值到网购愿意,从社交影响范围和信息价值到移动社交初始信任的路径均明显不同。采用多群分析进一步测试各组的路径系数,如表 7-6 所示。结果表明,第一,社交关系强度、社交影响范围、信息价值和信息传播控制力对月收入在 2 000 元以下受访者的网购意愿和其移动社交初始信任的影响均不显著;信息价值和社交影响范围对月收入在 2 000~5 000 元受访者的网购意愿影响显著（β 分别为 0.331、0.142,t 值分别为 4.470、2.302）,信息价值对其移动社交初始信任的形成影响显著（$\beta=0.379$,$t=2.962$）;社交影响范围对月收入 5 000~10 000 元受访者的移动社交信任的形成影响显著（$\beta=0.673$,$t=5.171$）,其他路径均不显著。第二,在影响网购意愿的各因素中,仅有信息价值和社交影响范围对月收入 2 000~5 000元受访者的网购意愿影响显著,其他路径均不显著;在影响移动社交初始信任的各因素中,社交影响范围对月收入 5 000~10 000 元受访者的移动社交初始信任影响显著,信息价值对月收入 2 000~5 000 元受访者的网购意愿影响显著。此外,各组都认为移动社交初始信任对网购

145

意愿的影响显著（β 分别为 0.103、0.539、0.462、1.032，t 值分别为 1.936、6.167、2.937、3.082），其他路径无显著性差异。

表 7-6　　　　　　　　　基于收入差异的多群组分析结果

路径	2 000 元以下	2 000~5 000 元	5 000~10 000 元	10 000 元以上
初始信任 <--- 社交关系强度	0.071 (1.064)	−0.058 (−0.556)	−0.060 (−0.623)	0.292 (1.509)
初始信任 <--- 社交影响范围	−0.109 (−1.404)	0.154 (1.212)	0.673 *** (5.171)	−0.007 (−0.041)
初始信任 <--- 信息价值	0.134 (1.154)	0.379 ** (2.962)	−0.105 (−0.858)	0.104 (0.198)
正直 <--- 社交传播控制力	0.082 (0.881)	−0.162 (−1.436)	−0.083 (−0.843)	0.206 (1.242)
购买意愿 <--- 社交关系强度	0.021 (0.532)	−0.058 (−1.244)	−0.061 (−0.694)	−0.049 (−0.568)
购买意愿 <--- 社交影响范围	0.012 (0.268)	0.142 * (2.302)	0.107 (0.759)	0.047 (0.386)
购买意愿 <--- 信息价值	0.124 (1.577)	0.331 *** (4.470)	0.115 (1.025)	−1.059 (−1.107)
购买意愿 <--- 信息传播控制力	0.069 (1.160)	0.006 (0.118)	0.057 (0.633)	0.149 (1.150)
购买意愿 <--- 初始信任	0.103 * (1.936)	0.539 *** (6.167)	0.462 ** (2.937)	1.032 ** (3.082)

注：*、**、*** 分别表示在 0.05、0.01、0.001 水平上显著。

7.3.3　内容社区类平台的多群分析

针对内容社区类平台，基于性别、年龄和收入，对移动社交互动影响网络消费和移动社交初始信任的差异进行了分析。

7.3.3.1 基于性别的分析

将 176 份内容社区类平台用户的问卷依据性别分为两组：第一组为 62 份关于男性受访者的问卷，第二组为 114 份关于女性受访者的问卷。两个结构模型的分析结果显示，从社交关系强度、信息价值和信息传播控制力到网购愿意，从社交关系强度、社交影响范围和信息价值到移动社交初始信任的路径均明显不同，采用多群分析进一步测试各组的路径系数，如表 7-7 所示。结果表明，第一，对男性受访者而言，社交关系强度和信息价值对其网购意愿的影响显著（β 分别为 0.196、0.276，t 值分别为 2.519、2.849），社交关系强度、社交影响范围、信息价值对移动社交初始信任的影响显著（β 分别为 0.322、0.694、0.339，t 值分别为 3.278、2.222、2.807）；对女性受访者来说，信息传播控制力对其购买意愿的影响显著（$\beta = 0.036$，$t = 1.975$）；信息价值对移动社交初始信任的影响显著（$\beta = 0.261$，$t = 3.042$）。第二，比较而言，在影响网购意愿的各因素中，男性受访者更重视信息价值和社交关系强度，女性受访者更重视信息传播控制力；在影响移动社交初始信任的各因素中，男性受访者更重视社交影响范围，而女性受访者更重视信息价值和社交关系强度。此外，两组都认为移动社交初始信任对网购意愿的影响较强（β 分别为 0.522、0.434，t 值分别为 4.357、4.560），其他路径无显著性差异。

表 7-7　　　　　　　　　基于性别差异的多群组分析结果

路径	男		女	
	系数	t 值	系数	t 值
初始信任 <--- 社交关系强度	0.083	1.206	0.322 ***	3.278
初始信任 <--- 社交影响范围	0.694 *	2.222	0.011	0.142
初始信任 <--- 信息价值	0.261 **	3.042	0.339 **	2.807
初始信任 <--- 信息传播控制力	0.178	1.570	−0.103	−1.447
购买意愿 <--- 社交关系强度	0.196 *	2.519	0.010	0.232

路径	男		女	
	系数	t 值	系数	t 值
购买意愿 <--- 社交影响范围	0.093	0.502	− 0.005	− 0.110
购买意愿 <--- 信息价值	0.276 **	2.849	0.007	0.123
购买意愿 <--- 信息传播控制力	− 0.074	− 0.906	0.036 *	1.975
购买意愿 <--- 初始信任	0.522 ***	4.357	0.434 ***	4.560

注：* 、** 、*** 分别表示在 0.05、0.01、0.001 水平上显著。

7.3.3.2 基于年龄的分析

将 176 份问卷依据年龄层次分为四组：第一组为 68 份关于 18 ~ 25 岁内容社区类平台用户的问卷，第二组为 46 份关于 26 ~ 30 岁内容社区类平台用户的问卷，第三组为 43 份关于 31 ~ 40 岁内容社区类平台用户的问卷，第四组为 19 份关于 41 ~ 50 岁内容社区类平台用户的问卷。四个结构模型的分析结果表明，从社交关系强度、社交影响范围、信息价值和信息传播控制力到网购愿意，从社交关系强度、社交影响范围和信息价值到移动社交初始信任的路径均明显不同，采用多群分析进一步测试各组的路径系数，如表 7 - 8 所示。结果表明，第一，对 18 ~ 25 岁内容社区用户来说，信息价值对其网购意愿的影响显著（$\beta = 0.236$，$t = 2.266$），而社交关系强度对其移动社交初始信任的形成影响显著（$\beta = 0.160$，$t = 2.036$）；对 26 ~ 30 岁内容社区用户来说，社交关系强度、社交影响范围、信息价值和信息传播控制力对其网购意愿的影响均不显著，而社交关系强度和社交影响范围对其移动社交初始信任形成的影响显著（β 分别为 0.209、0.280，t 值分别为 2.562、2.499）；社交影响范围和信息传播控制力对 31 ~ 40 岁受访者的网购意愿的影响显著（β 分别为 0.099、0.130，t 值分别为 2.259、3.243），社交关系强度和信息价值对其移动社交初始信任的影响显著（β 分别为 0.317、0.129，t 值分别为 5.259、2.006）；各指标对 41 ~ 50 岁受访者的网购意愿和移动社交初始信任形成均不明显。第二，在影响网购意愿的各因素中，最重视社交关系强度的是 26 ~ 30 岁的受访者，最重视社交影响范围和信息传播控制力的是 31 ~ 40 岁受访者，最重视信息价值的是 18 ~ 25 岁的受访者；在影响移动社交初始信任的各因素中，最重视社交关系强度和信息价值的都是 31 ~ 40 岁的受访者，最重视社交影响范围的是 26 ~ 30 岁的受访者。此外，除 41 ~ 50 岁的受访者外，其他各组都认为移动社交初始信任对网购意愿的影响显著（β 分别为 0.488、0.401、0.533，t 值分别为 2.846、2.455、8.148），其他路径无显著性差异。

表 7 – 8　　　　　　　　基于年龄差异的多群组分析结果

路径	18 ~ 25 岁	26 ~ 30 岁	31 ~ 40 岁	41 ~ 50 岁
初始信任 <--- 社交关系强度	0.160 * (2.036)	0.209 ** (2.562)	0.317 *** (5.259)	– 0.124 (– 0.557)
初始信任 <--- 社交影响范围	0.093 (1.089)	0.280 * (2.499)	– 0.019 (– 0.331)	0.033 (0.119)
初始信任 <--- 信息价值	0.072 (0.755)	– 0.104 (– 1.049)	0.129 * (2.006)	– 0.042 (– 0.178)
初始信任 <--- 信息传播控制力	– 0.164 (– 1.258)	0.167 (1.206)	– 0.064 (– 1.234)	0.160 (0.452)
购买意愿 <--- 社交关系强度	0.055 (0.676)	0.139 * (1.977)	– 0.078 (– 1.692)	0.016 (0.082)
购买意愿 <--- 社交影响范围	0.011 (0.128)	0.116 (1.001)	0.099 * (2.259)	– 0.023 (– 0.098)
购买意愿 <--- 信息价值	0.236 * (2.266)	– 0.006 (– 0.061)	– 0.040 (– 0.824)	– 0.073 (– 0.367)
购买意愿 <--- 信息传播控制力	0.104 (0.773)	0.026 (0.183)	0.130 *** (3.243)	0.092 (0.307)
购买意愿 <--- 初始信任	0.488 ** (2.846)	0.401 * (2.455)	0.533 *** (8.148)	0.333 (1.260)

7.3.3.3 基于收入的分析

将176份内容社区类平台用户的问卷按照不同的收入级别分为四组：第一组为61份关于月收入2 000元以下的问卷，第二组为50份关于月收入2 000~5 000元的问卷，第三组为48份关于月收入5 000~10 000元的问卷，第四组为17份关于月收入10 000元以上的问卷。四个结构模型的分析结果表明，从社交关系强度、社交影响范围、信息价值和信息传播控制力到网购愿意，从社交关系强度、社交影响范围、信息价值和信息传播控制力到移动社交初始信任的路径均明显不同。采用多群分析进一步测试各组的路径系数，如表7-9所示，结果表明，第一，信息价值对月收入在2 000元以下受访者的网购意愿影响显著（$\beta = 0.313$，$t = 2.167$），社交关系强度对其移动社交初始信任的影响显著（$\beta = 0.151$，$t = 2.054$）；各指标对月收入在2 000~5 000元受访者的网购意愿和其移动社交初始信任的形成均不显著；社交影响范围、信息价值和信息传播控制力对月收入5 000~10 000元受访者的移动社交信任的影响显著（β分别为0.652、0.437、0.243，t值分别为4.431、4.170、2.343）；社交关系强度、社交影响范围、信息价值和信息传播控制力对月收入10 000元以上受访者的网购意愿影响显著（β分别为0.473、0.589、0.974、0.144，t值分别为2.093、3.136、3.488、4.274），其他路径均不显著。第二，在影响网购意愿的各因素中，最重视社交关系强度、社交影响范围、信息价值和信息传播控制力的均是月收入在10 000元以上的受访者；在影响移动社交初始信任的各因素中，最重视社交关系强度的是收入在月收入2 000元以下的受访者，最重视社交影响范围、信息价值和信息传播控制力的都是月收入5 000~10 000元的受访者。此外，各组都认为移动社交初始信任对网购意愿的影响较强（β分别为0.259、0.600、0.452、0.348，t值分别为1.981、3.957、3.039、2.837），其他路径无显著性差异。

表 7 - 9　　　　　　　　基于收入差异的多群组分析结果

路径	2 000 元以下	2 000 ~ 5 000 元	5 000 ~ 10 000 元	10 000 元以上
初始信任 <--- 社交关系强度	0.151 * (2.054)	0.058 (0.598)	0.152 (1.814)	0.532 (1.378)
初始信任 <--- 社交影响范围	0.003 (0.025)	0.268 (1.081)	0.652 *** (4.431)	− 0.286 (− 1.555)
初始信任 <--- 信息价值	0.147 (1.186)	− 0.031 (− 0.234)	0.437 *** (4.170)	0.498 (1.641)
正直 <--- 社交传播控制力	− 0.039 (− 0.458)	− 0.040 (− 0.380)	0.243 * (2.343)	0.018 (0.142)
购买意愿 <--- 社交关系强度	0.096 (1.446)	0.030 (0.672)	0.116 (1.520)	0.473 * (2.093)
购买意愿 <--- 社交影响范围	− 0.026 (− 0.290)	0.121 (1.031)	− 0.034 (− 0.254)	0.589 ** (3.136)
购买意愿 <--- 信息价值	0.313 * (2.167)	0.033 (0.537)	0.026 (0.240)	0.974 *** (3.488)
购买意愿 <--- 信息传播控制力	− 0.010 (0.136)	− 0.010 (− 0.211)	0.028 (0.291)	0.144 *** (4.274)
购买意愿 <--- 初始信任	0.259 * (1.981)	0.600 *** (3.957)	0.452 ** (3.039)	0.348 ** (2.837)

注：* 、** 、*** 分别表示在 0.05、0.01、0.001 水平上显著。

7.4　结果讨论

（1）本章检验了内部情境因素对移动社交互动和网络消费之间关系的调节效应。内部情境因素包括网购经验、网购态度和网络涉入度等个体属性，在移动社交互动影响网络消费的过程中均有明显的调节作用，尤其是对移动社交初始信任的形成有明显的调节作用。当施信方网购经

151

验丰富、网购态度好、网络涉入度高时，社交关系强度对被信方的正直、善意和能力的影响程度明显更强；社交影响范围对被信方的正直、善意和能力影响程度明显更强；信息传播控制力对被信方的正直和善意影响程度也明显更强。当施信方网购经验欠丰富、网购态度差、网络涉入度低时，信息价值对被信方的正直影响程度明显更强。这可能是因为，当消费者的网购经验丰富、网购态度好、使用网络频率高时，通常都会熟练操作网页，并能掌握体现商家基本信息和可信度的指标，例如通过关注、点赞、评论和好友来评价商家的可信程度，或是通过商家发布的信息量和其信息被转发的数量来评价商家的可信程度，或是通过商家的专业性来评价商家的可信程度，或是通过商家提供的产品和服务被其好友的认可程度以及这些产品和服务与自己个人特征的匹配程度来评价商家的可信度等。而当消费者的网购经验欠丰富、网购态度差、使用网络频率低时，消费者大多会选择较明显、较直观的指标，如信息，来评价商家，例如通过商家发布的信息内容或信息发布的形式，从正直和能力两方面来评价商家的可信度。

（2）本章验证了外部情境下，网络易用性和网络有用性等网络属性在移动社交互动影响网络消费的过程中均有明显的调节机制，尤其是对移动社交初始信任的形成有明显的调节作用。当施信方对网络有用性和易用性感知较高时，社交影响范围对被信方的正直、善意和能力的影响程度明显更强；信息价值对被信方的正直、善意和能力影响程度明显更强；信息传播控制力对被信方的正直、善意和能力影响程度也明显更强，而社交关系强度对移动社交初始信任的影响并无明显差别。这可能是因为随着技术的发展和消费需求的变化，现今的移动社交平台大多会将目标顾客群体细分，呈现出精准服务的特征，消费者会依据自己的兴趣、爱好和需求以及平台提供的较专业的主营业务进行选择，已排除不符合自己需求的平台。因此，网络属性在社交关系强度对移动社交初始信任的影响过程中的调节作用不明显。而当消费者对移动社交平台的产品和服务、网站质量的感知较好时，消费者会更有意愿使用平台，并进一步阅读平台呈现的基本信息和指标，依据商家的社交影响范围、发布信息的价值和对信息的传播控制力，从正直、善意和能力三个维度对商家进行评价。

（3）本章验证了外部情境下，产品价格、品牌知名度等产品质量因素和产品类别在移动社交互动影响网络消费的过程中有明显的调节作用。当产品质量高，即产品价格低、品牌知名度高时，被信方的善意和能力对施信方网络消费的影响明显更强，当产品价格高、品牌知名度低时，被信方的正直对施信方网络消费的影响明显更强。这可能是因为，产品价格低能体现商家对消费者的关心和仁爱，而品牌知名度高则体现商家提供优秀产品或服务的能力，进而影响消费者向其购买商品的意愿。而当产品价格高、品牌知名度低时，相比提供的产品或服务，消费者会更注重考量商家的诚信，消费者更愿意从有诚信、正直的商家那里购买商品。产品类型对移动社交互动和网络消费之间的关系也起到调节作用。当产品是搜索型时，商家的正直对移动社交用户的网络消费影响更强，而当产品是体验型时，商家的能力对移动社交用户的网络消费影响更强。搜索型产品如书籍，产品雷同性强，所以移动社交用户更关注商家的正直，即诚实地描述和出售商品的商家。而体验型产品如服饰，移动社交用户更看重商家是否能提供满足个体需求的产品或服务的能力。

（4）本章检验了外部情境因素，售前服务质量和售中服务质量等其他外部属性对移动社交互动和网络消费之间的关系均有明显的调节作用。售前服务质量包括信息告知和疑问解答等因素，而售中服务质量包括物流质量和交易支付性等因素。当其他外部属性较好，即被信方的服务质量高、物流速度快、交易安全性强时，被信方的正直、善意和能力均对施信方的网络消费影响更强。服务质量、物流速度和交易安全性是对现今网络商家和平台的基本要求，如果其他外部属性较好，那么移动社交用户更愿意相信商家是诚实的，是关心消费者的，是有能力提供相关产品或服务的，从而更愿意从该商家购买产品或服务。

（5）本章针对三类主流移动社交平台，基于性别、年龄和收入，分析了内外部情境因素交互作用下移动社交互动对移动社交初始信任影响的差异。首先，对移动社交互动影响移动社交初始信任的过程进行分析。从性别角度分析后发现，即时通信类平台中，男性受访者更重视社交影响范围，而女性受访者更重视信息价值。微博客类平台中，男性受访者更重视社交影响范围，而女性受访者更重视信息价值和社交关系强度。内容社区类平台中，男性受访者更重视社交影响范围，而女性受访者更重视信息价值和社交关系强度。从年龄角度分析后发现，即时通信类平台中，最重视社交关系强度的是 31～40 岁的受访者，而最重视社交影响范围的是 26～30 岁的受访者，最重视信息价值的是 18～25 岁的受访者，而最重视信息传播控制力的是 26～30 岁的受访者。微博客类平台中，最重视社交影响范围的是 26～30 岁的受访者，最重视信息价值的是 18～25 岁的受访者。内容社区类平台中，最重视社交关系强度和信息价值的都是 31～40 岁的受访者，最重视社交影响范围的是 26～30 岁的受访者。从收入级别角度分析后发现，即时通信类平台中，最重视信息传播控制力和信息价值的是月收入 2 000～5 000 元受访者，最重视社交影响范围的是月收入 5 000～10 000 元的受访者，最重视社交关系强度的是月收入 10 000 元以上的受访者。微博客类平台中，社交影响范围对月收入 5 000～10 000 元受访者的移动社交初始信任影响显著，信息价值对月收入 2 000～5 000 元受访者的网购意愿影响显著。内容社区类平台中，最重视社交关系强度的是月收入 2 000 元以下的受访者，最重视社交影响范围、信息价值和信息传播控制力的都是月收入 5 000～10 000 元的受访者。

（6）本章针对三类主流移动社交平台，基于性别、年龄和收入，探讨了内外部情境因素交互作用下移动社交互动对网络消费影响的差异。从性别角度分析后发现，即时通信类平台中，男性用户更重视社交关系强度和信息价值，女性用户更重视社交影响范围和信息传播控制力；微博客类平台中，男性用户更重视信息价值和社交关系强度，女性用户仅重视信息价值；内容社区类平台中，男性用户更重视信息价值和社交关系强度，女性用户更重视信息传播控制力。在三个平台上，男性组和女性组都认为移动社交初始信任对网购意愿的影响显著。从年龄层次角度分析后发现，即时通信类平台中，最重视社交关系强度的是 20 ~ 30 岁的受访者，最重视社交影响范围的是 41 ~ 50 岁的受访者，最重视信息传播控制力的是 31 ~ 40 岁的受访者；微博客类平台中，最重视社交关系强度的是 41 ~ 50 岁的受访者，最重视信息价值的是 26 ~ 30 岁的受访者；内容社区类平台中，最重视社交关系强度的是 26 ~ 30 岁的受访者，最重视社交影响范围和信息传播控制力的是 31 ~ 40 岁受访者，最重视信息价值的是 18 ~ 25 岁的受访者。除 41 ~ 50 岁的内容社区平台用户外，其他各组都认为移动社交初始信任对网购意愿的影响显著。从收入级别角度分析后发现，即时通信类平台中，最重视社交关系强度的是月收入 10 000 元以上的受访者，月收入 2 000 ~ 5 000 元的受访者最重视社交影响范围和信息传播控制力，其他路径均不显著；微博客类的平台中，仅有信息价值和社交影响范围对 2 000 ~ 5 000 元受访者的网购意愿影响显著，其他路径均不显著；内容社区类的平台中，最重视社交关系强度、社交影响范围、信息价值和信息传播控制力的均是月收入在 10 000 元以上的受访者。此外，除月收入 2 000 元以下的即时通信类用户之外，其他各组都认为移动社交初始信任对网购意愿的影响显著。

7.5　本章小结

　　全面地讲述移动社交里的中国故事，需要根据研究情境的异质性，差异化地讲好中国故事背后的规律和机制。本章探讨了内外部情境下移动社交互动影响网络消费的影响机制，验证了内部情境因素、外部情境因素以及内外部交互情境因素对移动社交互动和网络消费之间关系的调节效应。首先，检验了网购经验、网购态度和网络涉入度等内部情境因素对移动社交互动影响网络消费过程的调节作用。其次，检验了网络属性、产品属性和其他外部属性等外部情境因素对移动社交互动影响网络消费过程的调节作用。最后，针对三类主流移动社交平台，基于性别、年龄和收入，研究了内外部情境因素交互作用下移动社交互动对移动社交初始信任和网络消费影响的差异。本章研究增进了学界对移动社交中各类情境因素影响移动社交互动和网络消费之间关系的理解，加深了不同平台情境下移动社交互动具体作用的认识，对社会化商务的持续发展提供了可行的实施参考。

8

研究结论与管理启示

8.1 研 究 结 论

在努力实现"两个一百年"奋斗目标的进程中,以习近平新时代中国特色社会主义思想为指导,坚持马克思主义基本原理和贯穿其中的立场、观点、方法,按照体现继承性、民族性、原创性、时代性、系统性、专业性的要求,创新发展能够有效地指导中国企业管理实践的中国特色管理科学,探索本土化与国际化兼具的中国特色管理科学理论构建路径,促进中国企业在复杂多变的市场环境、技术环境和国际环境中实现高质量发展,是中国特色管理科学必须解决的时代课题。

鉴于此,本书聚焦中国移动社交情境,融合多学科理论基础和研究方法,重点关注中国移动社交互动行为的内涵、特征和构成要素,探讨移动社交信任前因,阐释相关概念之间的逻辑关系,构建网络消费促进机制。首先对移动社交互动的相关研究进行了综述,回顾了社交互动的概念、内涵、基本特征和分类,界定了移动社交互动的概念和内涵;探讨了信任和初始信任的概念、影响因素和评估方法,界定了移动社交初始信任的概念；总结了网络消费及其影响因素等方面的现有研究；归纳了移动社交网络建模、信息传播规律识别和网络中心性发现等信息技术方法。其次，利用信息技术介入，结合网络结构、移动社交互动行为特征，界定了移动社交互动的维度及其内涵，剖析了移动社交互动的构成要素。然后，基于管理学、社会学、心理学和计算机科学等学科的理论、模型和方法，以移动社交初始信任为中介，构建了移动社交互动对网络消费的影响机制模型，并进一步探寻了内外部情境因素在移动社交互动影响网络消费过程中发挥的调节作用。具体内容如下：

（1）基于网络结构、移动社交互动行为、互动内容及特征来研究移动社交互动的构成要素因素。移动社交用户之间的互动是社会化商务活动中最基本的行为，是社会化商务区别于传统电子商务的基本特征，也是社会化商务能持续发展的根本。为此，本书首先利用信息技术介入，采集和处理强弱关系并存的新浪微博网络数据，选取了与网络购物联系紧密且用户数较多的"美食""美妆""时尚"三组话题的移动端数据，数据基本概括了微博里两个用户之间所有可能的社交行为。其次，构建移动社交网络结构模型，并基于网络结构特征分析了移动社交互动行为及其特征。最后，基于网络结构、移动社交互动行为和互动内容等特征研究了移动社交互动的构成要素。界定了移动社交互动两个维度的内涵，并从关系互动和信息互动这两个维度出发，开发了移动社交初始信任度的算法，对比单因素视角和多因素视角下移动社交互动对移动社交初始信任的影响和作用发现，社交关系强度、社交影响范围、信息价值和信息传播控制力很好地诠释了移动社交互动，是移动社交互动的关键构成要素。

（2）探讨移动社交信任的前因，促进移动社交信任机制的构建。在激发居民消费潜力时，应加快破解制约居民消费最直接、最突出和最迫切的体制机制障碍，研究移动社交初始信任对建立网络消费信任体系意义重大。因此，需要对移动社交初始信任的形成机理及其如何影响网络消费进行研究。本书基于多学科视角下的信任理论和模型，从正直、善意和能力三个维度量化移动社交初始信任，分析了移动社交互动对移动社交初始信任的影响机理，以及移动社交初始信任对社交用户网络消费的影响机理。结果发现，移动社交初始信任对网络消费有显著的正向影响；移动社交互动作为移动社交初始信任的前置因子，其各个维度对移动社交初始信任的影响程度也不同，其中，社交关系强度的总效应最强，其次是信息价值、信息传播控制力和社交影响范围。社交关系强度主要体现被信者的善意特征，信息价值主要体现正直特征，信息传播控制力主要体现能力特征，而社交影响范围主要体现正直的特征。此外，个体属性和网络属性在移动社交互动对移动社交初始信任的影响过程中均有明显的调节作用。

（3）基于现有网络消费行为的理论和模型，以移动社交初始信任为中介，构建移动社交互动对网络消费的影响机制模型。网购意愿是移动社交情境中网络消费行为最直接的体现，所以在揭示没有直接交互历史的移动社交用户之间的社交互动对网络消费的作用机制时，使用网购意愿来测度网络消费。通过实证分析发现，在移动社交用户之间的初次接触阶段，移动社交互动的四个构成要素，社交关系强度、社交影响范围、信息价值和信息传播控制力不仅对社交用户的网络消费有显著正向影响，还通过移动社交初始信任的中介作用影响用户的网络消费；移动社交初始信任在社交关系强度、信息价值和信息传播控制力影响网络消费的过程中起完全中介作用，而在社交影响范围对网络消费的影响关系中起部分中介作用。此外，产品属性和其他外部属性在移动社交互动对网络消费的影响过程中均起明显的调节作用。

（4）揭示内部情境因素对移动社交互动、移动社交信任、网络消费之间关系的调节机制。在移动社交互动影响网络消费的过程中，内外部情境因素发挥的调节作用。首先，通过实证分析检验了内部情境因素，如网购经验、网购态度和网络涉入度等个体属性对移动社交互动和网络消费之间关系的调节效应。其次，检验了外部情境因素，如网络易用性和网络有用性等网络属性，产品价格、品牌知名度和产品类型等产品属性，以及包括服务质量、物流质量和交易安全性的其他外部属性对移动社交互动和网络消费之间关系的调节效应。这些情境因素会影响移动社交互动的效果，并影响到移动社交互动对网络消费的具体作用。

（5）面向异质性移动社交平台，基于性别、年龄和收入，探索内外部情境因素交互作用下移动社交互动对网络消费影响的差异。针对即时通信类、微博客类和内容社区类三大主流移动社交平台，基于人口统计特征，比较分析了内外部情境因素交互作用下移动社交互动对网络消费影响的差异。从性别角度分析后发现，即时通信类平台中，男性用户更重视社交关系强度和信息价值，女性用户更重视社交影响范围和信息传播控制力；微博客类平台中，男性用户更重视信息价值和社交关系强度，女性用户仅重视信息价值；内容社区类平台中，男性用户更重视信息价值和社交关系强度，女性用户更重视信息传播控制力。在三个平台上，男性组和女性组都认为移动社交初始信任对网购意愿的影响显著。从年龄层次角度分析后发现，即时通信类平台中，最重视社交关系强度的是 20~30 岁的受访者，最重视社交影响范围的是 41~50 岁的受访者，最重视信息传播控制力的是 31~40 岁的受访者；微博客类平台中，最重视社交关系强度的是 41~50 岁的受访者，最重视信息价值的是 26~30 岁的受访者；内容社区类平台中，最重视社交关系强度的是 26~30 岁的受访者，最重视社交影响范围和信息传播控制力的是 31~40 岁受访者，最重视信息价值的是 18~25 岁的受访者。除 41~50 岁的内容社区平台用户外，其他各组都认为移动社交初始信任对网购意愿的影响显著。从收入级别角度分析后发现，即时通信类平台中，最重视社交关系强度的是月收入 10 000 元以上的受访者，月收入 2 000~5 000 元的受访者最重视社交影响范围和信息传播控制力，其他路径均不显著；微博客类的平台中，仅有信息价值和社交影响范围对 2 000~5 000 元受访者的网购意愿影响显著，其他路径均不显著；内容社区类的平台中，最重视社交关系强度、社交影响范围、信息价值和信息传播控制力的均是月收入在 10 000 元以上的受访者。此外，除了月收入 2 000 元以下的即时通信类用户组，其他各组都认为移动社交初始信任对网购意愿的影响显著。

8.2 管 理 启 示

立足于中国实践，服务于中国企业管理实践，为企业制定移动社交交互策略和移动社交营销决策提供实践指导和决策依据，促进中国企业在复杂多变的市场环境、技术环境中实现高质量发展，是探索本土化与国际化兼具的中国特色管理科学理论构建路径的目的。

（1）运用先进、稳定的数字技术分析移动社交互动数据，摸清互动行为的特征与规律，有助于企业积累移动社交资本，进而有效促进信任与消费。

海量的数据与信息使得分析移动社交互动数据成为可能。移动社交互动包括信息互动和关系互动两个维度，构成要素颇多，社交关系强度、社交影响范围、信息价值和信息传播控制力都可以有效增强互动的效果。对开展移动社交营销的商家而言，在制定移动社交互动策略时，应该意识到互动策略不单单指控制信息的发布数量或是制作准确而精美的内容、选择合适的传播形式，也应该考虑关系互动的质量，例如按照兴趣、爱好或职业等因素来选择拥有更多与产品相匹配用户的移动社交平台开展营销活动；提升自身的专业程度，并通过发布的信息塑造高水平和高专业度的形象；增加与既有用户的互动，获得更多关注、评价、点赞和口碑，促使其他移动社交用户主动通过平台寻求商家的信息、产品或服务。通过移动社交互动可以有效积累企业的移动社交资本，进而提升移动营销效能。

（2）合理利用平台特征、互动方式、信息转发人特征等关系互动要素，增强移动社交互动的效果，进而影响移动社交营销效能。

关系互动的核心是通过互动行为建立移动社交互动用户之间的亲密关系、互信关系。首先，选择与产品相匹配的移动社交平台开展营销活动。按照平台用户的兴趣、爱好、职业和学历等因素来细分移动社交平台，并按照企业的产品特征来定位平台，删选出目标顾客，有效开展关系互动。其次，与现有顾客保持互动，历史消费经验和历史行为数据阿将有助于企业寻找共同话题。增加现有消费者的关注度，鼓励老顾客评论、转发和点赞企业信息更有效。再次，吸引在领域内占主导地位、影响力大的用户成为企业信息的发布人或转发人。信息发布或转载量大的节点，影响力大，其影响范围广、营销效能高，其发布或转发的信息更吸引移动社交用户通过平台主动寻求商家信息、产品或服务。最后，在所属领域内拥有专业知识，专业化表达能力和推荐能力更强的宣传者，移动社交关系互动效果更好，更能促进网络消费，从而提升营销效能。

（3）准确选择信息内容、信息传播形式和信息特征等信息互动要素，增强移动社交互动的效果，进而影响移动社交营销效能。

制作准确、精美、简洁、主题明确的信息内容、选择合适的信息传播形式，有效控制和调节信息发布的数量都可以增强企业移动社交营销效能。第一，例如短视频或图片等信息内容效用更高。图片和视频的共同点是二者的视觉吸引力、简洁易懂性更高，能快速、有效地反映产品功能等事实类信息。第二，在选择信息形式时，虽然直播带货较火，但最有效的是图片形式，其次是融合多种形式的信息，视频形式信息的效用强于文本形式，最后才是直播形式和语音形式。第三，信息内容的准确性、真实性和有用性对移动社交用户更重要，而单位时间内被转发的信息量越大，对移动社交用户网络消费的促进作用也越大，但是过量则会引起消费者的厌烦和抵制情绪，从而影响营销效能。

（4）针对网购经验、网购态度和网络涉入度等个体属性的异质性，精准制定移动社交互动策略，增强与不同细分个体的互动效果，进而影响信任与消费。

移动社交用户的个体特征，对移动社交网络信任、网络消费有很深的影响。移动社交网络中，用户的网购经验、网购态度和网络涉入度等个体特征会呈现出不同的特征和程度差异，网购经验丰富、网购态度好、网络涉入度高的用户对信息的辨识能力、对关系互动的质量要求更高，但是需求被满足后，信任倾向程度也更高，更可能产生购买。而对于网购经验缺乏、网购态度差、网络涉入度低的用户，建立网购信心和网络信任倾向是关键，比直接采用购买促进策略更有效果。因此，移动社交用户需按个体特征来进行市场细分，有利用更精准、更有效地制定交互策略和移动社交营销策略。

（5）产品价格、品牌知名度等产品质量的外在表现，以及产品类型等外部边界条件影响移动社交互动的策略选择，进而影响信任与消费。

产品质量直接影响企业绩效。但是在虚拟的移动社交空间中，如何准确展示产品质量是关键。产品价格、品牌知名度等外在表现可以很大程度上反映产品质量，定价、口碑和影响范围都是移动社交营销人员的可选策略。例如，出售低价格、高品牌知晓度产品的商家，其对消费者关心的仁爱的品质，以及提供优秀产品或服务的能力对消费者购买的影响明显更强，而对于高价格、低品牌知晓度的产品，相比商家提供的产品或服务，消费者更注重考量商家的诚信，消费者更愿意从有诚信、正直的商家那里购买商品。同时，产品类型不同，相同移动社交互动策略的效果差异却很大。因此，企业应根据产品类型来选择有效的选择互动方式，以全面展示产品的具体特征，例如对体验品而言，消费者更看重商家提供满足个体需求产品或服务的能力，增强移动社交用户的体验感是制胜的关键，而对搜索品来说，产品雷同性强，诚实的、详细的功能描述和有效的信息扩散就更重要。

（6）服务质量、物流质量和交易安全性等外部情境因素影响移动社交互动的效果，进而影响信任与消费。

服务质量、交易安全性和物流质量等外部因素是对现今网络商家和平台的基本要求，影响商家与移动社交用户的移动社交互动效果，进而影响移动社交互动对网络信任和网络消费的具体作用。服务质量包括信息告知、疑问解答等售前服务质量，以及物流质量、交易支付性等售中服务质量。消费者在选择商家或产品时，如果商家或平台服务质量好、物流速度快、交易安全性高，那么移动社交用户更愿意相信商家或平台是诚实的、关心消费者的，是有能力提供高品质产品或服务的，从而更愿意从该商家或平台购买产品或服务。

（7）移动社交平台的异质性，使得平台用户的簇特征更明显，各维度社交互动的作用与效果差异显著，使精准营销成为"可能"和"必须"。

不同移动社交平台的系统特征差异性较大，例如即时通信类大多以强关系交往为主，微博客以弱关系传播信息为主，而内容社区类平台又以相似爱好和共同话题为主。因为平台的异质性特征显著，平台用户的簇特征也很明显，因此，针对平台属性和用户特征采取精准的营销方式成为了可能。同时，也因为移动社交平台的异质性，无的放矢型的移动社交营销成效甚微，甚至会因为信息过量而使消费者产生厌烦情绪，因此，在选择移动社交平台进行社交营销时，企业必须针对产品特征、平台特征、移动社交用户的个体特征，如年龄、收入、性别等，选择合适的营销情境、选择有效的营销方式和精准的营销内容来提升移动社交营销效能。

（8）有效的移动社交互动和健全的法律法规是完善信任体制机制、推动社会化商务发展的双保险。

有效地整合数量众多、性质相异的多元市场主体力量，形成有效的互动关系，有助于增强商家信任度，引导移动社交用户的网络消费。信任是网络消费的重要支撑，移动社交互动中的信任包括正直、善意和能力。移动社交网络中，商家可以通过信息互动和关系互动展现其具有诚实的品质，关心和同情移动社交用户，能够为其提供高品质的服务和产品等特征，才能有效建立移动社交用户对商家的信任，从而引导移动社交用户购买商家的产品和服务。同时，为保证移动社交互动营销的有效性，企业还应当提升网络的有用性和易用性等特征。网络属性影响移动社交用户对移动社交平台的信任，影响社交互动的效果，进而影响消费。因此，促进消费者之间、企业与消费者之间进行实时、多渠道和个性化的社交互动，构建有效的互动机制，是营造放心的网络消费市场环境的有效路径。

完善信任体制机制、促进社会化商务发展，离不开规范的监管制度和配套的监管体系。完善数字经济治理体系，健全法律法规和政策制度，完善体制机制是促使我国数字经济在发展中规范、在规范中发展的必由之路。一方面，对监管部门、各级领导干部来说，健全市场准入制度、公平竞争审查制度、公平竞争监管制度，建立全方位、多层次、立体化监管体系，实现事前事中事后全链条全领域监管等任务，需要数字经济思维能力和专业素质的提高，需要增强发展数字经济的本领，从而推动数字经济更好服务和融入新发展格局。另一方面，优化网络环境中的监督与评价体系，需要落实网络平台和运营商的主体责任，增强电子商务企业和市场主体知法、懂法、守法和用法的观念，提升其在创建放心消费市场环境中的参与程度，例如自愿纳入网络安全认证体系，主动维护电子商务交易安全，积极对接支付平台与信用体系等都是营造放心消费市场环境的有效措施，从而促进网络经济的健康发展。

8.3 研究范围与说明

本书从移动社交互动的行为及特征出发，构建了理论框架和研究模型，深入探察了移动社交初始信任的形成机理、移动社交互动对网络消费的影响机制，丰富了移动社交情境下网络消费行为的研究成果，对企业有效干预移动社交互动和制定移动社交营销策略有一定的指导和启示作用。但鉴于移动社交环境下社交行为的复杂性，仍有大量命题需要研究者深入研究，这也是本书作者未来需要继续拓展和努力的方向。具体而言，在本书研究的基础上，作者认为研究者可以对以下五个方面进行深入研究：

（1）本书测量的是网购意愿而不是实际网购行为，虽然大量实证研究表明，行为意愿是决定个人是否进行某种行为的最直接的决定因素，在研究中，网购意愿通常用于代替网络消费。然而，由于消费者行为的复杂性，行为意愿并不能完全取代实际行为。在未来的研究中，研究者可以进一步尝试利用信息技术介入，抓取网购行为的数据或从社交平台运营商处得到记录数据以提炼网购行为的指标，从而更准确、更具体、更深入地研究网购行为。例如，对于移动社交情境下购买行为的研究，后续可以采集时空移动社交数据对首次购买行为再到持续购买阶段的网购行为展开研究。

（2）本书通过采集强弱并存的"新浪微博"平台的数据来分析移动社交互动行为，发现移动社交互动包括社交关系强度、社交影响范围、信息价值和信息传播控制力等四个构成要素，并考查了各因素对移动社交初始信任和网络消费的具体作用。虽然在强弱关系并存的网络中，这四个指标可以充分体现移动社交互动的行为和特征，但由于移动社交平台的类型众多，除包括新浪微博在内的综合类社交平台外，还涉及内容社区类、即时通信类、论坛类和电子商务类等平台，而不同网络会出现不同的结构特征，因此，后续可以采集不同社交平台的移动社交数据对移动社交互动、初始信任和网络消费进行更全面的比较研究。

（3）本书模型引入了移动社交初始信任作为中介变量，虽然大量实证研究表明，初始信任是最先产生的信任，其对持续信任有直接的决定作用。然而，由于消费者心理和行为的复杂性，初始信任和持续信任在影响因素上会有差异，各因素对网络消费行为的具体作用和影响路径也会不同。在未来的研究中，研究者可以尝试对移动社交信任的形成机理及其对网购行为展开更深入的研究。例如，后续可以对移动社交"初始—持续"信任对网购行为的影响机制展开全面的研究。

（4）本书所进行的实证研究全部针对国内移动社交情境展开，而国外的社交文化和行业背景可能是完全不一样的。同时，在调查研究部分，选择了在线问卷调查的单一数据收集方法，虽然样本数据的信效度都较好，也较好地验证了本书的假设模型，但由于数据源单一，可能会存在问卷题项填写不够准确的问题，从而影响研究结果的精准性。因此，为了适应市场营销领域对多数据源和多研究方法探索网络消费行为的新要求，后续研究可以考虑文化差异问题，采集国外移动社交平台的行为数据展开研究；为解决单一数据源的问题，未来可以选择部分问卷线下发放，从而增强研究结论的精准性，获得更有价值的研究成果。

（5）本书的研究结论是在对网络平台数据和调查研究数据进行清洗、处理和分析的基础上获得，数据采集时间为 2018 年 9 月至 2019 年 11 月。在移动社交互动内涵、特征和构成要素的剖析与可视化呈现时，在移动社交互动影响网络消费的理论模型实证检验中，若更改数据采集时间，所获数据可能会出现较大变化，相应地，数据的改变也可能会对研究结果和研究结论产生较大影响。今后作者会尝试分时间段采集数据，并进行比较分析。

8.4　本章小结

进入中国特色社会主义发展新时期，紧跟创新发展有效指导中国企业管理实践、探索本土化与国际化兼具的理论构建路径的中国特色管理科学学科发展方向，《移动社交网络：互动、信任与消费》一书试图融合多学科的理论和技术方法，科学、客观、全面地讲述移动社交里的中国故事。立足中国移动社交环境，从中发现根植于中国土壤的管理元素，揭示移动社交互动、移动社交信任和网络消费等各变量之间的传导规律与影响机制，提出新概念、界定新维度、构建新理论；挖掘中国企业创新发展中的独特情境变量，探索移动社交信任的前因，构建移动社交互动对网络消费的影响机制，为企业制定移动社交交互策略和移动社交营销决策提供实践指导和决策依据，促进企业在新发展阶段市场竞争力的提升，推动疫情防控常态化下国内国际"双循环"的畅通。

面向新经济发展时期，改革开放波澜壮阔，社会发展日新月异，成就世界瞩目，故事精彩纷呈，而中国经济发展，不是其他国家社会主义实践的再版，也不是国外现代化发展的翻版，不可能找到现成的教科书。在解读中国实践、构建中国理论时，需要我们讲好中国故事，更需要我们讲好中国故事背后的内在逻辑与思想理论。作为一名中国管理学者，作者在未来的研究中，会坚持立足中国情境，致力于提炼标识性概念，打造新概念、新范畴，创造新表述、新模式，提出中国方案，发出中国声音，为构建中国特色管理科学体系贡献绵薄之力，助力我国经济高质量发展。

附录1　移动社交互动对网购意愿的影响机制调查问卷

尊敬的先生/女士：

衷心感谢您在百忙之中参与本次调查。本次调查旨在研究移动社交网络中的社交互动行为对网购意愿的影响。本调查完全采用匿名的方式进行，所得的数据和资料仅供学术研究使用，不作任何商业或其他用途。您回答的每个问题都将对研究作出贡献，因此恳请您根据个人经历认真逐题作答，避免漏答。问卷中所有问题的答案没有好坏和对错之分，请您根据题意和实际情况填写。

一、移动社交平台的使用情况。

1. 您经常通过什么终端设备浏览社交平台？［单选题］

○个人电脑

○手机、Pad 等移动终端

2. 您已使用移动社交网络的时间是：［单选题］

○半年以下

○半年～1 年

○1～3 年

○3～5 年

○5 年以上

3. 列出一个您经常使用的移动社交平台（可多选）［多选题］

□即时通信（微信、腾讯 QQ、陌陌、探探）

□微博客（新浪微博、腾讯微博）

☐内容社区［如豆瓣、哔哩哔哩（bilibili）、优兔（YouTube）、抖音、配音秀］

☐论坛（如百度贴吧、知乎、虎扑）

☐电子商务类（美丽说、小红书、大众点评网）

☐其他＿＿＿＿＿＿＿＿＿＿＿

4. 在移动社交平台上，您最关注下列哪类产品或服务：（可多选）［多选题］

☐美食旅游

☐美妆饰品

☐服装鞋帽

☐数码科技

☐健身瘦身

☐养生育儿

☐房产家装

☐其他＿＿＿＿＿＿＿＿＿＿＿

5. 您经常关注的移动社交用户主要是：［单选题］

〇企业账号用户

〇个人账号用户

二、请根据您长期在移动社交平台上关注的除明星和朋友以外的用户（尤其是以盈利或产品宣传为目的的个人或企业账号）的真实表现和您的自身感受，对下列语句给出您的态度。

"我"代表"填表人"，"这些用户"代表您关注的移动社交用户，"该平台"代表您经常使用的移动社交平台

6. 在选择移动社交用户进行交流时，我总是选择：［矩阵文本题］［输入 1 到 5 的数字］

从"1～5"同意程度递增。

与我有大量共同好友数的用户	
与我有相似背景（如兴趣、爱好、专业、学历等）的用户	
与我加入相同的公共主页数多的用户	
发布的信息被其好友多次转发的用户	
发布的信息被其好友多次评论的用户	
发布的信息被其好友多次点赞的用户	
具有某类产品或某领域大量专业知识（如产品的品牌、价格、性能等）的用户	
能够为我提供专业性建议的用户	
拥有大量好友的用户	
拥有大量粉丝的用户	
此题请选3分	
在某领域具有丰富购物经验和使用经验的用户	
在某领域内拥有占主导地位、影响力大的用户	
在某领域内拥有占主导地位、影响力大的信息回帖人的用户	
在领域内拥有占主导地位、影响力大的信息转发人的用户	

7. 在移动社交平台浏览信息时，让我印象深刻的信息应该是：［矩阵文本题］［输入 1 到 5 的数字］

从 "1~5" 同意程度递增。

信息内容是完整的	
信息内容是简洁明了的	
信息内容是完全真实的	
信息内容是完全准确的	
信息内容对我是有帮助的	
信息内容是我可以轻松理解的	
信息是文本形式的	
信息是图片形式的	

续表

信息内容是完整的	————
信息是语音形式的	————
信息是视频形式的	————
信息是直播形式的	————
信息在表现形式上（如文本、图形、语音、视频、直播等）可以多样化	————
信息在视觉形式上（如标签、字体、颜色等）是有吸引力的	————
信息内容有效时间越长越好	————
是有关产品型号、功能等事实型的信息	————
是有关产品使用体验、感受等经验分享型的信息	————
单位时间内出现的次数最多的信息	————
单位时间内被转发的次数最多的信息	————

8. ［矩阵量表题］

"这些用户"代表您关注的移动社交用户，"该平台"代表您经常使用的移动社交平台。

	完全不同意	不同意	一般	同意	完全同意
我相信该平台的这些用户会遵守自己的承诺	○	○	○	○	○
我觉得该平台的这些用户是值得信任的	○	○	○	○	○
我相信该平台的这些用户通常是善良的	○	○	○	○	○
此题请选一般	○	○	○	○	○
我相信该平台的这些用户不会将我的个人信息泄露给他人	○	○	○	○	○
我相信平台的这些用户可以给我提供我所期望的商品或服务	○	○	○	○	○
我相信在推荐过程中遇到问题时，该平台的这些用户有能力解决	○	○	○	○	○

9. 标题［矩阵量表题］

	完全不同意	不同意	一般	同意	完全同意
我觉得我使用移动社交网络比较有经验	○	○	○	○	○
我认为网络购物是一件稀松平常的事情	○	○	○	○	○
我认为在移动社交平台上购物比传统购物渠道更优越	○	○	○	○	○
只要能买到的东西，我尽量在移动社交平台上买	○	○	○	○	○
我会长期在移动社交平台购物	○	○	○	○	○

10. 在选择移动社交平台时，我总是选择：［矩阵文本题］［输入 1 到 5 的数字］

从"1~5"同意程度递增。

服务和技术能解决我的需求的平台	————
服务或技术能节约我的成本的平台	————
使我可以很容易地联系到我的朋友的平台	————
使我可以很容易地向我的朋友提供信息的平台	————
拥有最新的软件和硬件的平台	————
服务和技术对我来说容易学习和使用的平台	————
拥有记录、个性化推荐、提醒和在线帮助等服务和技术的平台	————
拥有加载速度快、链接准确、退出路径明显等服务和技术的平台	————

11. ［矩阵文本题］［输入 1 到 5 的数字］

从"1~5"同意程度递增。

我希望在互动平台上直接订购商品可以获得比直营店更优惠的价格	————
我希望在互动平台上获得商品优惠券或者积分福利	————

续表

在移动社交平台选购产品时，同种商品中我会选择价格最低的产品	_____
在移动社交平台上，我倾向于购买搜索性产品（如书籍、电脑硬件、软件、音像制品等）	_____
在移动社交平台上，我倾向于购买体验性产品（如食品、服饰等）	_____
我经常购买自己熟悉的品牌	_____
此题请选 2 分	_____
对于某类产品，我在网购时会优先考虑特定品牌的产品	_____
我在网购时会选择品牌知名度高的产品	_____
我在网购时，会优先选择品牌名称和标识语令人印象深刻、很容易记忆的产品	_____

12. 标题［矩阵文本题］［输入 1 到 5 的数字］

从"1~5"同意程度递增。

移动社交用户应该对我遇到的问题可以提供及时的反馈服务	_____
移动社交用户应该始终愿意帮助我应用其服务	_____
我希望移动社交用户关注并了解我的具体需求	_____
我希望配送的货物能够及时到达	_____
移动社交用户应该能够通过各种方式快速回应物流状态	_____
移动社交平台应该对消费者的支付信息给予有效保护	_____
移动社交平台不可以私自将消费者的个人信息提供给第三方	_____
移动社交平台的支付工具在进行统计审核时应该准确	_____

13. ［矩阵量表题］

"这些用户"代表您关注的移动社交用户。

	完全不同意	不同意	一般	同意	完全同意
我认为这些用户为我提供的购买信息影响了我的购买计划	○	○	○	○	○
我考虑购买这些用户所推荐的产品或服务	○	○	○	○	○
我很可能购买这些用户推荐的产品或服务	○	○	○	○	○
我强烈想要购买这些用户所推荐的产品或服务	○	○	○	○	○
如果未来还有需要，我还会购买这些用户所推荐的产品或服务	○	○	○	○	○
我会向朋友和同事推荐这些用户所推荐的产品或服务	○	○	○	○	○

三、受访者背景情况和网络使用情况调查

14. 您的性别：［单选题］

○男

○女

15. 您的年龄：［单选题］

○18 岁以下

○18～25 岁

○26～30 岁

○31～40 岁

○41～50 岁

16. 您的学历：［单选题］

○高中（中专）以下

○大专

○本科

○硕士

○博士

17. 您的月收入是：［单选题］

○2 000 元以下

○2 000～5 000 元

○5 000～10 000 元

○10 000～20 000 元

○20 000～30 000 元

○30 000 元以上

18. 您已使用手机上网的时间是：［单选题］

○半年以内

○半年～1 年

○1～3 年

○3～5 年

○5 年以上

19. 您平均每天使用移动社交网络的时间是［单选题］

○30 分钟以下

○30～60 分钟

○1～2 小时

○2～3 小时

○3 小时以上

20. 您平均每月的网购次数是：［单选题］

○1～2 次

○3～4 次

○5～6 次

○7～8 次

○8 次以上

21. 您平均每月网购的花费为：［单选题］

○500 元以下

○500～1 000 元

○1 001～2 000 元

○2 001～3 000 元

○3 000 元以上

22. 您每月网购支出占总购物支出的比例是：[单选题]

○10% 以下

○10% ~ 30%

○30% ~ 50%

○50% ~ 70%

附录2 微博数据采集与处理的步骤与代码

一、数据采集过程

1. 配置环境

基于 python 3.6，数据库使用 mongodb 安装 requests pymongo 两个库

pip install requests = =2.18.4 pymongo = =3.2.2

2. 使用方法

设置获取数据的字段。

在 get_data.py 里面更换有效的 TOKEN

替换 topic_word 里面的关键词，替换成自己的关键词

pool = Pool（）定义进程数，例如 4 个进程定义为 pool = Pool（4）

预估时间 判断 crawl_end_time，例如半小时 crawl_end_time = crawl_start_time + 60 * 30

配置 pymongo，例如 weibo 库，Topic 表为：

```
mongo_client = MongoClient（'localhost',27017）
spider = mongo_client['Weibo']
profile = spider['Topic']
```

配置好以后，运行。终端里 python get_data.py 即可。数据会存在 mongodb 里的 Weibo 库里的 Topic 表中。

3. 筛选移动数据

web 定义需要去掉的数据，例如去掉微博网页版、微博网页等

```
web = ['微博 weibo.com','微博网页版','微博网页']
```

改变 phone = spider ［'Topic_by_phone'］定义新表名称

运行终端里 python select_phone. py 手机和筛选数据会存入新表 Topic_by_phone

4. 统计数据

选择数据库

如果统计原有数据，Topic 表，则这行变成

$$profile = spider['Topic']$$

如果统计手机数据，Topic_by_phone 表，则这行变成

$$profile = spider['Topic\_by\_phone']$$

改变替换 topic_word，使 topic_word 与 select_phone. py 中的一致即可

运行　终端里输入 python count_num. py 统计数据会打印出来。

二、数据处理

编写程序，从 Json 数据中提取建立社交网络所需的数据字段，包括：用户 ID、转发 ID 数组、评论 ID 数组、评论 ID 数组。

编程语言：C#，编译工具：Visual Studio 2013。

数据处理涉及文件的输入输出、Json 文件的读取以及正则表达式，因此首先引用相应的库文件：

```
using System;
using System. Collections. Generic;
using System. Linq;
using System. Text;
using System. Threading. Tasks;
using System. IO;
using Newtonsoft. Json;
using System. ServiceModel. Web;
using System. Runtime. Serialization. Json;
using System. Text. RegularExpressions;
```

1. 根据 Json 数据格式，创建数据类。

```
public class Rootobject
{
    public_Id_id { get; set; }
    public string topic { get; set; }
    public string mid { get; set; }
    public string text { get; set; }
    public string created_at { get; set; }
    public string source { get; set; }
    public int comments_count { get; set; }
    public int reposts_count { get; set; }
    public int attitudes_count { get; set; }
    public string uid { get; set; }
    public int followers_count { get; set; }
    public int friends_count { get; set; }
    public string location { get; set; }
    public bool verified { get; set; }
    public string[ ] pic_ids { get; set; }
    public Comment[ ] comment { get; set; }
    public float crawl_start_time { get; set; }
    public float crawl_end_time { get; set; }
    public object[ ] attitudes_uid { get; set; }
    public string[ ] reposts_uid { get; set; }
    public string[ ] comments_uid { get; set; }
}

public class _Id
{
```

```
    public string oid { get; set; }
}


public class Comment
{
    public string created_at { get; set; }
    public Idstr idstr { get; set; }
    public string text { get; set; }
    public string source { get; set; }
    public int floor_number { get; set; }
}
public class Idstr
{
    public string numberLong { get; set; }
}
```

2. 读取 Json 文件，并利用正则表达式去除数据中的特殊字符。

从微博上提取的原始数据中包含一些特殊字符，导致无法将 Json 数据转化为类对象。以去除特殊字符"＄"为例：

```
StreamReader sr = new StreamReader(". \\Topic_by_phone. json", Encoding. UTF8);
string line;
string jsonObj = "";
while ((line = sr. ReadLine()) ! = null)
{
    jsonObj = line. ToString();
    jsonObj = jsonObj. Replace("＄", "");
}
```

3. 数据分类

初始的微博数据都存储在一个文件中，读写的效率很低，且庞杂的数据不利于后面的社交关系分析。为提高算法执行效率，同时偏于后期分析，将微博数据按照主题进行分类。

本书共抓取了 18 类热门微博数据，根据这些微博主题建立枚举类。

```
public enum Types {
    Beauty,         //美妆
    Body,           //健身
    Car,            //汽车
    Digital,        //数码
    Education,      //教育
    Fashion,        //时尚
    Food,           //美食
    Furniture,      //房产
    Game,           //游戏
    Health,         //养生
    Hotspot,        //热点
    House,          //房产
    Market,         //股市
    Movie,          //电影
    Parenting,      //育儿
    Pet,            //宠物
    Photo,          //摄影
    Tourism         //旅游
}
```

定义一个分类连接字符串数据的方法：public static void Classification (string topic, string str)，将不同主题的微博分别存储在对应的临时变量中，然后调用下列方法分类存储。

```
public static void saveData( string fileName, int dataNum, string dataText)
{
    FileStream fileStream = new FileStream(". \readJson\\newData\\" +
fileName, FileMode. Create, FileAccess. Write);
    StreamWriter streamWriter = new StreamWriter( fileStream, Encoding.
Default);
    streamWriter. Write( dataNum + "\r\n" + dataText);
    streamWriter. Flush( );
    streamWriter. Close( );
    fileStream. Close( );
}
```

4. 数据清理

数据清理包含两个内容：首先，原始的微博数据包含有大量无用数据，一方面，这些无用数据增加的分析的数据量，降低了分析效率；另一方面，这些数据对应的微博转发量、评论数、点赞数为零，它们在社交关系的分析过程中起不到任何作用，需要将它们删除。因此，定义了清楚无用数据的方法：

```
public static void cleanData( string filePath, string fileName) {
    //读取文件
    StreamReader sr = new StreamReader( filePath, Encoding. UTF8);
    //第一行是数据条数
    int oldNum = Convert. ToInt32( sr. ReadLine( ). ToString( ));
    string line;
    string jsonObj = "";
    int i = 0;
    int newNum = 0;
    string newData = "";
    while ( ( line = sr. ReadLine( )) ! = null)
```

```
    {
        i + + ;
        jsonObj = line. ToString( ) ;
        //将 json 转化为对象
        DataContractJsonSerializer s = new DataContractJsonSerializer( ty-
peof( Rootobject) ) ;
        MemoryStream ms = new MemoryStream( Encoding. UTF8. Get-
Bytes( jsonObj) ) ;
        Rootobject obj = ( Rootobject) s. ReadObject( ms) ;
        //清楚无用数据
        if ( obj. comments_uid. Length > 0 || obj. reposts_uid. Length > 0
|| obj. attitudes_uid. Length > 0) {
            newNum + + ;
            newData = newData + jsonObj + " \r\n" ;
        }
        ms. Dispose( ) ;
    }
    sr. Close( ) ;
    //读取结束后分类存储
    saveData( fileName + ". json" , newNum, newData) ;
}

public static void handleFile( string filePath, string fileName) {
    string newData = " " ;
    int newNum = 0 ;
    StreamReader sr = new StreamReader( filePath, Encoding. UTF8) ;
    //第一行是数据条数
    int lineNum = Convert. ToInt32( sr. ReadLine( ). ToString( ) ) ;
```

```
string line = " ";
string lineStr = " ";
while ((line = sr. ReadLine())! = null) {
    lineStr = line. ToString();
    //删除内容
    lineStr = Regex. Replace(lineStr, @ "[""]text[""]:[""]. * ?
[""，][""]"，"\"text\":\" \"，\"");
    newNum + +;
    newData = newData + lineStr + " \r\n";
}
sr. Close();
//重新保存
saveData(fileName + ". json"，newNum，newData);
}
```

5. 提取边信息（社交活动）

对每一类数据，建立用户 ID 与转发 ID 数组、评论 ID 数组以及点赞 ID 数组中的每一个 ID 的一一对应关系，提取出边信息，并对不同的边赋予相应的权重。具体实现方式如下：

```
public static void findConnect(string filePath, string fileName) {
    string linkData = " ";      //边数据
    string nodeData = " ";      //节点数据
    int linkNum = 0;            //边条数
    int nodeNum = 0;            //节点数量
    //打开文件
    StreamReader sr = new StreamReader(filePath, Encoding. UTF8);
    //第一行是数据条数
    int lineNum = Convert. ToInt32(sr. ReadLine(). ToString());
    string line = " ";
```

```
string jsonLine = "";
string startNode = "";
string tempPair = "";    //临时节点对
int firstNode = 0;
int secondNode = 0;
//节点ID数组
List < string > nodeList = new List < string > ();
//节点索引数组
List < int > nodeIndex = new List < int > ();
//节点对数组
List < string > nodePair = new List < string > ();
//将json转化为对象
//先读取一遍获取种子节点数组
while ((line = sr. ReadLine()) ! = null{
    jsonLine = line. ToString();
    DataContractJsonSerializer s = new DataContractJsonSerializer(typeof
(Rootobject));
    MemoryStream ms = new MemoryStream(Encoding. UTF8. GetBytes
(jsonLine));
    try
      {
            Rootobject jsonObj = (Rootobject) s. ReadObject(ms);
            startNode = jsonObj. uid;
            //如果起点没有被添加过,先添加
            if (! nodeList. Contains(startNode))
            {
                nodeList. Add(startNode);
                nodeNum + +;
```

```
                    nodeIndex. Add( nodeNum) ;
                    nodeData = nodeData + string. Format( "｛0, -8｝",
nodeNum) + "\r\n";
                ｝
            ｝
        catch ( Exception )
            ｛
                continue;
            ｝
    ｝
    //在读取一遍获取边
    sr. BaseStream. Seek( 0 , SeekOrigin. Begin) ;
    while ( ( line = sr. ReadLine( ) ) ! = null) ｛
        jsonLine = line. ToString( ) ;
        DataContractJsonSerializer s = new DataContractJsonSerializer ( ty-
peof( Rootobject) ) ;
        MemoryStream ms = new MemoryStream ( Encoding. UTF8. Get-
Bytes( jsonLine) ) ;
        try
        ｛
                Rootobject jsonObj = ( Rootobject) s. ReadObject( ms ) ;
                startNode = jsonObj. uid ;
                firstNode = nodeIndex[ nodeList. IndexOf( startNode ) ] ;
                //查找该起点的边及其权重
                if ( jsonObj. reposts_uid. Length > 0 )
                ｛
                    foreach ( string rid in jsonObj. reposts_uid)
                    ｛
```

```
                    if ( nodeList. Contains ( rid ) )
                    {
                        secondNode = nodeIndex[ nodeList. IndexOf
( rid ) ];
                        tempPair = string. Format ( " {0, - 8} {1,
- 8} ", firstNode, secondNode );
                        //节点对不存在,说明是新的边
                        if ( ! nodePair. Contains ( tempPair ) && sec-
ondNode ! = firstNode )
                        {
                            nodePair. Add ( tempPair );
                            linkData = linkData + string. Format
( " {0, - 8} {1, - 8} {2, - 2} ", firstNode, secondNode, 5 ) + " \r\n ";
                            linkNum + + ;
                        }
                    }
                }
            }
            if ( jsonObj. comments_uid. Length > 0 )
            {
                foreach ( string cid in jsonObj. comments_uid )
                {
                    if ( nodeList. Contains ( cid ) )
                    {
                        secondNode = nodeIndex[ nodeList. IndexOf
( cid ) ];
                        tempPair = string. Format ( " {0, - 8} {1,
- 8} ", firstNode, secondNode );
```

```
                    //节点对不存在,说明是新的边
                    if(! nodePair. Contains(tempPair) && sec-
ondNode ! = firstNode)
                        {
                            nodePair. Add(tempPair);
                            linkData = linkData + string. Format("
{0, -8}{1, -8}{2, -2}", firstNode, secondNode, 3) + "\r\n";
                            linkNum + +;
                        }
                    }
                }
            }
            if(jsonObj. attitudes_uid. Length > 0)
            {
                foreach(string aid in jsonObj. attitudes_uid)
                {
                    if(nodeList. Contains(aid))
                    {
                        secondNode = nodeIndex[nodeList. IndexOf
(aid)];
                        tempPair = string. Format("{0, -8}{1,
-8}", firstNode, secondNode);
                        //节点对不存在,说明是新的边
                        if(! nodePair. Contains(tempPair) && sec-
ondNode ! = firstNode)
                        {
                            nodePair. Add(tempPair);
                            linkData = linkData + string. Format
```

```
            ("{0, -8}{1, -8}{2, -2}", firstNode, secondNode, 2) + "\r\n";
                                  linkNum + + ;
                              }
                          }
                      }
                  }
              ms. Dispose( ) ;
          }
          catch ( Exception )
          {
              continue ;
          }
      }
      sr. Close( ) ;
      saveData("nodeData2\\" + fileName + "_link. txt", linkNum, linkData) ;
      saveData ( " nodeData2 \ \"  +  fileName  +  " _node. txt" ,  nodeNum,
nodeData) ;
      Console. WriteLine("文件循环结束!") ;
  }
}
```

6. 建立关系矩阵

利用 Matlab 工具，对每一类边关系数据，建立各自的关系强度矩阵（带权邻接矩阵）。进一步，利用 K – 核分解方法，把矩阵中的有网络其他部分连接不紧密的小分支以及社交关系很少（度值为 1）的"僵尸号"删除，得到便于分析的社交关系网络数据。

附录3 移动社交互动对网络购买意愿的影响调查问卷

一、移动社交平台的使用情况。

第1题 您经常通过什么终端设备浏览社交平台？[单选题]

选项	小计	比例
个人电脑	31	4.14%
手机、Pad 等移动终端	718	95.86%
本题有效填写人次	749	

第2题 您已使用移动社交网络的时间是：[单选题]

选项	小计	比例
半年以下	17	2.27%
半年~1 年	22	2.94%
1~3 年	69	9.21%
3~5 年	101	13.48%
5 年以上	540	72.1%
本题有效填写人次	749	

第 3 题　列出一个您经常使用的移动社交平台（可多选）［多选题］

选项	小计	比例
即时通信（微信、腾讯 QQ、陌陌、探探）	726	96.93%
微博客（新浪微博、腾讯微博）	255	34.05%
内容社区（豆瓣、哔哩哔哩（bilibili）、优兔（You-Tube）、抖音、配音秀）	196	26.17%
论坛（如百度贴吧、知乎、虎扑）	164	21.9%
电子商务类（美丽说、小红书、大众点评网）	175	23.36%
其他	39	5.21%
本题有效填写人次	749	

第 4 题　在移动社交平台上，您最关注下列哪类产品或服务：（可多选）［多选题］

选项	小计	比例
美食旅游	524	69.96%
美妆饰品	313	41.79%
服装鞋帽	392	52.34%
数码科技	253	33.78%
健身瘦身	311	41.52%
养生育儿	236	31.51%
房产家装	181	24.17%
其他	119	15.89%
本题有效填写人次	749	

第 5 题　您经常关注的移动社交用户主要是：［单选题］

选项	小计	比例
企业账号用户	147	19.63%
个人账号用户	602	80.37%
本题有效填写人次	749	

二、请根据您长期在移动社交平台上关注的除明星和朋友以外的用户（尤其是以盈利或产品宣传为目的的个人或企业账号）的真实表现和您的自身感受，对下列语句给出您的态度。

＊"我"代表"填表人"，"这些用户"代表您关注的移动社交用户，"该平台"代表您经常使用的移动社交平台

第 6 题　在选择移动社交用户进行交流时，我总是选择：［矩阵滑动条］

行标题	平均值
与我有大量共同好友数的用户	3.6
与我有相似背景（如兴趣、爱好、专业、学历等）的用户	3.83
与我加入相同的公共主页数多的用户	3.41
发布的信息被其好友多次转发的用户	3.41
发布的信息被其好友多次评论的用户	3.56
发布的信息被其好友多次点赞的用户	3.58
具有某类产品或某领域大量专业知识（如产品的品牌、价格、性能等）的用户	3.75
能够为我提供专业性建议的用户	3.87
拥有大量好友的用户	3.52
拥有大量粉丝的用户	3.4
此题请选 3 分	3.27
在某领域具有丰富购物经验和使用经验的用户	3.75
在某领域内拥有占主导地位、影响力大的用户	3.67
在某领域内拥有占主导地位、影响力大的信息回帖人的用户	3.65

续表

行标题	平均值
在领域内拥有占主导地位、影响力大的信息转发人的用户	3.63
	小计：53.91 平均：3.59

第7题　在移动社交平台浏览信息时，让我印象深刻的信息应该是：[矩阵滑动条]

行标题	平均值
信息内容是完整的	3.99
信息内容是简洁明了的	4.04
信息内容是完全真实的	4.19
信息内容是完全准确的	4.16
信息内容对我是有帮助的	4.33
信息内容是我可以轻松理解的	4.14
信息是文本形式的	3.66
信息是图片形式的	3.82
信息是语音形式的	3.28
信息是视频形式的	3.71
信息是直播形式的	3.33
信息在表现形式上（如文本、图形、语音、视频、直播等）可以多样化	4.03
信息在视觉形式上（如标签、字体、颜色等）是有吸引力的	3.94
信息内容有效时间越长越好	3.64
是有关产品型号、功能等事实型的信息	3.77
是有关产品使用体验、感受等经验分享型的信息	3.84
单位时间内出现的次数最多的信息	3.63
单位时间内被转发的次数最多的信息	3.62
	小计：69.12 平均：3.84

第8题 [矩阵量表题]

该矩阵题平均分：3.46

题目/选项	完全不同意	不同意	一般	同意	完全同意	平均分
我相信该平台的这些用户会遵守自己的承诺	17 （2.27%）	26 （3.47%）	304 （40.59%）	261 （34.85%）	141 （18.83%）	3.64
我觉得该平台的这些用户是值得信任的	17 （2.27%）	31 （4.14%）	339 （45.26%）	243 （32.44%）	119 （15.89%）	3.56
我相信该平台的这些用户通常是善良的	17 （2.27%）	34 （4.54%）	332 （44.33%）	251 （33.51%）	115 （15.35%）	3.55
此题请选一般	10 （1.34%）	6 （0.8%）	615 （82.11%）	71 （9.48%）	47 （6.28%）	3.19
我相信该平台的这些用户不会将我的个人信息泄露给他人	40 （5.34%）	110 （14.69%）	317 （42.32%）	188 （25.1%）	94 （12.55%）	3.25
我相信平台的这些用户可以给我提供我所期望的商品或服务	12 （1.6%）	31 （4.14%）	347 （46.33%）	263 （35.11%）	96 （12.82%）	3.53
我相信在推荐过程中遇到问题时，该平台的这些用户有能力解决	13 （1.74%）	46 （6.14%）	352 （47%）	240 （32.04%）	98 （13.08%）	3.49
小计	126 （2.4%）	284 （5.42%）	2606 （49.7%）	1517 （28.93%）	710 （13.54%）	3.46

第9题 标题 [矩阵量表题]

该矩阵题平均分：3.61

题目/选项	完全不同意	不同意	一般	同意	完全同意	平均分
我觉得我使用移动社交网络比较有经验	10 （1.34%）	20 （2.67%）	355 （47.4%）	259 （34.58%）	105 （14.02%）	3.57

续表

题目/选项	完全不同意	不同意	一般	同意	完全同意	平均分
我认为网络购物是一件稀松平常的事情	9（1.2%）	19（2.54%）	248（33.11%）	309（41.26%）	164（21.9%）	3.8
我认为在移动社交平台上购物比传统购物渠道更优越	8（1.07%）	32（4.27%）	302（40.32%）	279（37.25%）	128（17.09%）	3.65
只要能买到的东西，我尽量在移动社交平台上买	15（2%）	55（7.34%）	338（45.13%）	237（31.64%）	104（13.89%）	3.48
我会长期在移动社交平台购物	15（2%）	47（6.28%）	316（42.19%）	249（33.24%）	122（16.29%）	3.56
小计	57（1.52%）	173（4.62%）	1559（41.63%）	1333（35.59%）	623（16.64%）	3.61

第10题　在选择移动社交平台时，我总是选择：［矩阵滑动条］

行标题	平均值
服务和技术能解决我的需求的平台	3.94
服务或技术能节约我的成本的平台	4.03
使我可以很容易地联系到我的朋友的平台	3.91
使我可以很容易地向我的朋友提供信息的平台	3.88
拥有最新的软件和硬件的平台	3.89
服务和技术对我来说容易学习和使用的平台	4.02
拥有记录、个性化推荐、提醒和在线帮助等服务和技术的平台	3.95
拥有加载速度快、链接准确、退出路径明显等服务和技术的平台	4.03
	小计：31.64 平均：3.96

第 11 题 ［矩阵滑动条］

行标题	平均值
我希望在互动平台上直接订购商品可以获得比直营店更优惠的价格	4.19
我希望在互动平台上获得商品优惠券或者积分福利	4.04
在移动社交平台选购产品时，同种商品中我会选择价格最低的产品	3.81
在移动社交平台上，我倾向于购买搜索性产品（如书籍、电脑硬件、软件、音像制品等）	3.75
在移动社交平台上，我倾向于购买体验性产品（如食品、服饰等）	3.88
我经常购买自己熟悉的品牌	4.1
此题请选 2 分	2.81
对于某类产品，我在网购时会优先考虑特定品牌的产品	3.95
我在网购时会选择品牌知名度高的产品	3.94
我在网购时，会优先选择品牌名称和标识语令人印象深刻、很容易记忆的产品	3.8
	小计：38.26 平均：3.83

第 12 题　标题 ［矩阵滑动条］

行标题	平均值
移动社交用户应该对我遇到的问题可以提供及时的反馈服务	3.98
移动社交用户应该始终愿意帮助我应用其服务	3.99
我希望移动社交用户关注并了解我的具体需求	4.01
我希望配送的货物能够及时到达	4.27
移动社交用户应该能够通过各种方式快速回应物流状态	4.19
移动社交平台应该对消费者的支付信息给予有效保护	4.27
移动社交平台不可以私自将消费者的个人信息提供给第三方	4.28
移动社交平台的支付工具在进行统计审核时应该准确	4.26
	小计：33.25 平均：4.16

第 13 题 ［矩阵量表题］

该矩阵题平均分：3.45

题目/选项	完全不同意	不同意	一般	同意	完全同意	平均分
我认为这些用户为我提供的购买信息影响了我的购买计划	16 (2.14%)	52 (6.94%)	351 (46.86%)	236 (31.51%)	94 (12.55%)	3.45
我考虑购买这些用户所推荐的产品或服务	11 (1.47%)	32 (4.27%)	365 (48.73%)	256 (34.18%)	85 (11.35%)	3.5
我很可能购买这些用户推荐的产品或服务	12 (1.6%)	33 (4.41%)	351 (46.86%)	262 (34.98%)	91 (12.15%)	3.52
我强烈想要购买这些用户所推荐的产品或服务	24 (3.2%)	83 (11.08%)	376 (50.2%)	182 (24.3%)	84 (11.21%)	3.29
如果未来还有需要，我还会购买这些用户所推荐的产品或服务	15 (2%)	38 (5.07%)	355 (47.4%)	248 (33.11%)	93 (12.42%)	3.49
我会向朋友和同事推荐这些用户所推荐的产品或服务	18 (2.4%)	36 (4.81%)	377 (50.33%)	232 (30.97%)	86 (11.48%)	3.44
小计	96 (2.14%)	274 (6.1%)	2175 (48.4%)	1416 (31.51%)	533 (11.86%)	3.45

三、受访者背景情况和网络使用情况调查

第 14 题 您的性别：［单选题］

选项	小计	比例
男	301	40.19%
女	448	59.81%
本题有效填写人次	749	

第15题　您的年龄：[单选题]

选项	小计	比例
18 岁以下	0	0%
18～25 岁	159	21.23%
26～30 岁	176	23.5%
31～40 岁	272	36.32%
41～50 岁	142	18.96%
本题有效填写人次	749	

第16题　您的学历：[单选题]

选项	小计	比例
高中（中专）以下	110	14.69%
大专	152	20.29%
本科	439	58.61%
硕士	38	5.07%
博士	10	1.34%
本题有效填写人次	749	

第17题　您的月收入是：[单选题]

选项	小计	比例
2 000 元以下	139	18.56%
2 000～5 000 元	305	40.72%
5 000～10 000 元	218	29.11%
10 000～20 000 元	67	8.95%
20 000～30 000 元	6	0.8%

续表

选项	小计	比例
30 000 元以上	14	1.87%
本题有效填写人次	749	

第 18 题　您已使用手机上网的时间是：［单选题］

选项	小计	比例
半年以内	12	1.6%
半年~1 年	10	1.34%
1~3 年	58	7.74%
3~5 年	106	14.15%
5 年以上	563	75.17%
本题有效填写人次	749	

第 19 题　您平均每天使用移动社交网络的时间是［单选题］

选项	小计	比例
30 分钟以下	54	7.21%
30~60 分钟	101	13.48%
1~2 小时	165	22.03%
2~3 小时	128	17.09%
3 小时以上	301	40.19%
本题有效填写人次	749	

第 20 题　您平均每月的网购次数是：[单选题]

选项	小计	比例	
1～2 次	236		31.51%
3～4 次	199		26.57%
5～6 次	156		20.83%
7～8 次	42		5.61%
8 次以上	116		15.49%
本题有效填写人次	749		

第 21 题　您平均每月网购的花费为：[单选题]

选项	小计	比例	
500 元以下	286		38.18%
500～1 000 元	244		32.58%
1 001～2 000 元	124		16.56%
2 001～3 000 元	56		7.48%
3 000 元以上	39		5.21%
本题有效填写人次	749		

第 22 题　您每月网购支出占总购物支出的比例是：[单选题]

选项	小计	比例	
10% 以下	257		34.31%
10%～30%	284		37.92%
30%～50%	119		15.89%
50%～70%	58		7.74%
70% 以上	31		4.14%
本题有效填写人次	749		

参 考 文 献

［1］ Kwon M. , Lee J. , Won W. et al. Development and validation of a smartphone addiction scale （SAS）［J］. Plos One, 2013, 8 （2）: 1 – 7.

［2］ Malinen S. , Ojala J. Maintaining the instant connection-social media practices of smartphone users ［M］. Springer London, 2012, 68 （5）: 1745 – 1752.

［3］ 邢小强, 周平录, 张竹等. 数字技术、BOP 商业模式创新与包容性市场构建 ［J］. 管理世界, 2019, 35 （12）: 116 – 136.

［4］ 曾子明, 王婧. 基于 LDA 和随机森林的微博谣言识别研究——以 2016 年雾霾谣言为例 ［J］. 情报学报, 2019, 38 （1）: 89 – 96.

［5］ Heidemann J. , Klier M. , Probst F. Online Social Networks: a Survey of a Global Phenomenon ［J］. Computer Networks, 2012, 56 （18）: 3866 – 3878.

［6］ Aurora Mobile. 2019 年社交网络行业研究报告 ［EB/OL］. 2020, http: //www. 199it. com/archives/860472. html.

［7］ Cranshwa J. , Toch E. , Hong J. et al. Bridging the gap between physical location and online social networks ［C］. ACM International Conference on Ubiquitous Computing, 2010: 119 – 128.

［8］ 毕达天, 马卓, 刘健. 用户参与视角下移动社交网络互动特征及模式研究, 情报理论与实践, 2016, 39 （9）: 90 – 95.

［9］ 张继东, 段小萌. 基于移动社交平台的用户信任度分析研究 ［J］. 现代情报, 2017 （9）: 93 – 96, 102.

［10］柯伦. 大众媒介与社会［M］. 北京：华夏出版社，2006.

［11］Rishika R.，Kumar A.，Janakiraman R. et al. The effect of customers' social media participation on customer visit frequency and profitability：an empirical investigation［J］. Information Systems Research，2013，24（1）：108 – 127.

［12］CNNIC. 中国互联网络发展状况统计报告［DB/OL］. 2021，ht-tp：//www. cnnic. cn/hlwfzyj/hlwxzbg/hlwtjbg/201801/t20180131_70190. htm.

［13］Curty R.，Zhang P. Social Commerce：Looking Back and Forward［J］. Proceedings of the American Society for Information Science and Technology，2011，48（1）：1 – 10.

［14］Liang T.，Ho Y.，Li Y. et al. What drives social commerce：the role of social support and relationship quality［J］. International Journal of Electronic Commerce，2011，16（2）：69 – 90.

［15］Eirinaki M.，Louta M. D.，Varlamis I. A Trust-aware System for Personalized User Recommendations in Social Networks［J］. IEEE Transactions on Systems，Man，and Cybernetics Systems，2014，44（4）：409 – 421.

［16］袁登华，高丽丹. 社交媒体中的准社会互动与营销效能研究［J］. 外国经济与管理，2020，42（7）：21 – 35.

［17］Liu G.，Zhu F.，Zheng K. et al. TOSI：A Trust-oriented Social Influence Evaluation Method in Contextual Social Networks［J］. Neurocomputing，2016，210：130 – 140.

［18］Sharma R.，Alavi S.，Ahuja V. Generating Trust Using Facebook—a Study of 5 Online Apparel Brands［J］. Procedia Computer Science，2017，122：42 – 49.

［19］Domingos P. Mining Social Networks for Viral Marketing［J］. Machine Learning，2006（62）：107 – 136.

［20］iResearch. 2017 年中国微商用户调查报告［DB/OL］. 2017，

http：//dy. 163. com/v2/article/detail/CPG265K50518DO7A. html.

[21] 张胜兵. 弱连接对不同类型在线社交网络信息传播范围的影响研究 [J]. 计算机工程与科学，2015，37（1）：42 -47.

[22] Li W. J. , Cao J. , Wu J. Y. et al. A Collaborative Filtering Recommendation Method Based On Discrete Quantum-inspired Shuffled Frog Leaping Algorithms in Social Networks [J]. Future Generation Computer Systems，2018，88（11）：262 -270.

[23] 金亮. 线下到线上 O2O 供应链线上推荐策略及激励机制设计 [J]. 管理评论，2019，31（5）：242 -253.

[24] 姚乐野，李明，曹杰. 基于 Multi - Agent System 的应急管理多元主体信息互动机制初探 [J]. 情报资料工作，2018，222（3）：46 -52.

[25] Sharma V. M. , Klein A. Consumer Perceived Value, Involvement, Trust, Susceptibility to Interpersonal Influence, and Intention to Participate in Online Group Buying [J]. Journal of Retailing and Consumer Services, 2020, 52：101946.

[26] Newman M. The Structure and Function of Complex Networks [J]. SIAM Review, 2003, 45（2）：167 -256.

[27] Sharma V. M. , Klein A. Consumer Perceived Value, Involvement, Trust, Susceptibility to Interpersonal Influence, and Intention to Participate in Online Group Buying [J]. Journal of Retailing and Consumer Services, 2020, 52：101946.

[28] 吴联仁，李瑾颉，齐佳音. 一种基于分支过程的信息流行度动力学模型 [J]. 物理学报，2019，68（7）：296 -301.

[29] Liu B. , Hsu W. , Han H. S. et al. Mining Changes for Real - Life Applications [J]. Lecture Notes in Computer Science, 2000, 1874：337 -346.

[30] Changchien S. W. , Lu T. C. Mining Association Rules Procedure to Support On-line Recommendation by Customers and Products Fragmentation

［J］. Expert Systems with Applications，2001，20（4）：325 – 335.

［31］ Song H. ，Kim J. Mining the Change of Customer Behavior in an Internet Shopping Mall ［J］. Expert System with Applications，2001，21（3）：157 – 168.

［32］ Gupta A. ，Su B. C. ，Walter Z. Risk Profile and Consumer Shopping Behavior in Electronic and Traditional Channels ［J］. Decision Support Systems，2004，38（3）：347 – 367.

［33］ Lim N. Consumers' Perceived Risk：Sources Versus Consequences ［J］. Electronic Commerce Research and Applications，2003，2（3）：216 – 228.

［34］ Teo T. S. H. ，Yeong Y. D. Assessing the Consumer Decision Process in the Digital Marketplace ［J］. Omega，2003，31（5）：349 – 363.

［35］ 叶文. 影响网络消费者购买行为的因素分析 ［J］. 天津商学院学报，2001（2）：25 – 28.

［36］ 夏丹，王全胜. 网络消费者购买决策类型的定量判定——利用点击流数据信息判断电子零售模式下消费者类型 ［J］. 管理现代化，2005（3）：11 – 13，19.

［37］ Newhagen J. The Role of Feedback in the Assessment of News ［J］. Information Processing & Management：An International Journal，1997，33（5）：583 – 594.

［38］ Stryker S. Identity Salience and Role Performance：The Relevance of Symbolic Interaction Theory for Family Research ［J］. Journal of Marriage & Family，1968，30（4）：558 – 564.

［39］ 张鹏，赵动员，谢毛迪等. 基于强关系的移动社交网络信息传播机理建模与仿真研究 ［J］. 情报科学，2019，37（3）：105 – 111.

［40］ 李军，陈震，黄霁崴. 微博影响力评价研究 ［J］. 信息网络安全，2012（3）：10 – 13.

［41］Abdullah D. , Jayaraman K. , Kamal S. B. M. A Conceptual Model of Interactive Hotel Website：The Role of Perceived Website Interactivity and Customer Perceived Value Toward Website Revisit Intention ［J］. Procedia Economics and Finance，2016，37：170 – 175.

［42］蒋婷，张峰. 游客间互动对再惠顾意愿的影响研究——基于游客体验的视角［J］. 旅游学刊，2013，28（7）：90 – 100.

［43］李宗伟，张艳辉，栾东庆. 哪些因素影响消费者的在线购买决策？——消费者感知价值的驱动作用［J］. 管理评论，2017，29（8）：136 – 146.

［44］Mao Z. F. , Jiang Y. M. , Di X. Q. et al. Joint Head Selection and Airtime Allocation for Data Dissemination in Mobile Social Networks ［J］. Computer Networks，2020，166：1 – 15.

［45］张艳辉，李宗伟，赵诣成. 基于淘宝网评论数据的信息质量对在线评论有用性的影响［J］. 管理学报，2017，14（1）：77 – 85.

［46］高鸿铭，刘洪伟，詹明君，范梦婷，梁周扬. 在线评论与产品介入对虚拟购物车选择决策的影响研究——基于消费者介入理论［J］. 中国管理科学，2021，29（6）：211 – 222.

［47］李少华，杨柳. C2C 微信购物消费者购买决策的影响因素研究［J］. 消费经济，2015（5）：55 – 59.

［48］左文明，王旭，樊偿. 社会化电子商务环境下基于社会资本的网络口碑与购买意愿关系［J］. 南开管理评论，2014，17（4）：140 – 150.

［49］辛冲，李蕊，郭鑫. 网络口碑诉求方式和传播方向对消费者购买意愿的影响［J］. 技术经济，2017，36（6）：120 – 126.

［50］高琳，李文立，柯育龙. 社会化商务中网络口碑对消费者购买意向的影响：情感反应的中介作用和好奇心的调节作用［J］. 管理工程学报，2017，31（4）：15 – 25.

［51］林家宝，鲁耀斌，章淑婷. 网上至移动环境下的信任转移模

型及其实证研究 [J]. 南开管理评论, 2010, 13 (3): 80 – 89.

[52] Luhmann N. Ecological Communication: Coping with the Unknown [J]. Systemic Practice and Action Research, 1993, 6 (5): 527 – 539.

[53] 张晓丹, 龚艳萍, 张琴. 网络嵌入对消费者团购意愿影响的实证研究 [J]. 系统管理学报, 2017, 26 (4): 624 – 637.

[54] Blut M., Chowdhry N., Mittal V. et al. Eservice Quality: A Meta-analytical Review [J]. Journal of Retailing, 2015, 91 (4): 679 – 700.

[55] Pinto J. k., Slevin D. P., English B. Trust in Projects: an Empirical Assessment of Owner/Contractor Relationships [J]. International Journal of Project Management, 2009, 27 (6): 638 – 648.

[56] 高杰英. 信任研究的经济学视角: 一个文献综述 [J]. 经济学家, 2013, 4 (4): 100 – 104.

[57] Morgan R. M., Hunt S. D. The Commitment – Trust Theory of Relationship Marketing [J]. Journal of Marketing, 1994, 58 (3): 20 – 38.

[58] Kim Y., Peterson R. A Meta-analysis of Online Trust Relationships in E – commerce. Journal of Interactive Marketing, 2017, 38: 44 – 54.

[59] 谢凤华. 消费者信任前因、维度和结果的研究 [D]. 杭州: 浙江大学, 2006.

[60] Zhao J. D., Huang J. S., Su S. The Effects of Trust on Consumers' Continuous Purchase Intentions in C2C Social Commerce: A Trust Transfer Perspective [J]. Journal of Retailing and Consumer Services, 2019, 50: 42 – 49.

[61] 方明珠, 卢润德, 吴伟平. 电子商务模式下消费者信任影响因素研究综述 [J]. 情报杂志, 2010, 29 (6): 195 – 198.

[62] 孙伟, 侯锡林. 情感信任情景下创业网络结构特征对吸收能力的影响 [J]. 科技进步与对策, 2020, 37 (7): 1 – 8.

[63] 孙怡, 鲁耀斌, 魏国基. 社交氛围对朋友群组成员的购买意愿和行为的影响 [J]. 管理学报, 2016, 13 (9): 1392 – 1399.

［64］Chellappa R. K., Pavlou P. A. Perceived Information Security, Financial Liability and Consumer Trust in Electronic Commerce Transactions ［J］. Logistics Information Management，2002，15（5/6）：358 － 368.

［65］Pavlou P. A., Gefen D. Building Effective Online Marketplaces with Institution － Based Trust ［J］. Information Systems Research，2004，15（1）：37 － 59.

［66］Datta P., Chatterjee S. The Economics and Psychology of Consumer Trust in Intermediaries in Electronic Markets：the EM － Trust Framework ［J］. European Journal of Information Systems，2008，17（1）：12 － 28.

［67］Yousafzai S. Y., Pallister J. G., Foxall G. R. Strategies for Building and Communicating Trust in Electronic Banking：A Field Experiment ［J］. Psychology & Marketing，2005，22（2）：181 － 201.

［68］Kim D., Benbasat I. The Effects of Trust － Assuring Arguments on Consumer Trust in Internet Stores：Application of Toulmin's Model of Argumentation ［J］. Information Systems Research，2006，17（3）：286 － 300.

［69］Shankar V., Urban G. L., Sultan F. Online Trust：a Stakeholder Perspective，Concepts，Implications，and Future Directions ［J］. Journal of Strategic Information Systems，2002，11（3 － 4）：325 － 344.

［70］李琪，阮燕雅. 信誉、消费者保障机制和在线评论对网上消费者首次购买意愿的影响研究 ［J］. 经济经纬，2014，31（4）：98 － 103.

［71］Ajzen I. The Theory of Planned Behavior ［J］. Organizational Behavior & Human Decision Processes，1991，50（2）：179 － 211.

［72］姚雁萍，邓少灵. 朋友圈微商社会网络关系的实证研究 ［J］. 经营管理者，2016（18）：1 － 2.

［73］Mao Z. X., Jones M. F., Li M. M. et al. Sleeping in a Stranger's Home：A Trust Formation Model for Airbnb ［J］. Journal of Hospitality and Tourism Management，2020，42：67 － 76.

［74］姜树广，韦倩．信念与心理博弈：理论、实证与应用［J］．经济研究，2013（6）：141－154．

［75］王清晓，程阳．多学科视角下的供应链信任问题研究［J］．科技经济市场，2015（6）：108－110．

［76］Lee M．，Turban E. A Trust Model for Consumer Internet Shopping［J］．International Journal of Electronic Commerce，2001，6（1）：75－91．

［77］Beldad A．，Jong M．，Steehouder M. How Shall I Trust the Faceless and the Intangible? A Literature Review on the Antecedents of Online Trust［J］．Computers in Human Behavior，2010，26（5）：857－869．

［78］李建标，李朝阳．信任的信念基础——实验经济学的检验［J］．管理科学，2013，26（2）：62－71．

［79］McKnight D. H．，Cummings L. L．，Chervany N. L. Initial Trust Formation in new Organizational Relationships［J］．The Academy of Management Review，1998，23（7）：473－490．

［80］Barney J. B．，Hansen M. H. Trustworthiness as a Source of Competitive Advantage［J］．Strategic Management Journal，1994，15（Supplement S1）：175－190．

［81］翟学伟．社会流动与关系信任——也论关系强度与农民工的求职策略［J］．社会学研究，2003（1）：1－11．

［82］彭泗清．信任的建立机制：关系运作与法制手段［J］．社会学研究，1999（2）：55－68．

［83］Jarvenpaa S. L．，Tractinsky N．，Vitale M. Consumer Trust in an Internet Store［J］．Journal of Computer－mediated Communication，1999，5（2）：45－71．

［84］Koufaris M．，Hampton－Sosa W. The Development of Initial Trust in an Online Company by New Customers［J］．Information & Management，2004，41（3）：377－397．

［85］李沁芳，刘仲英．基于制度的 C2C 电子商务信任实证研究

［J］. 经济管理，2008（4）：91 – 96.

［86］鲁耀斌，周涛. B2C 环境下影响消费者网上初始信任因素的实证分析［J］. 南开管理评论，2005，8（6）：96 – 101.

［87］Gefen D. Reflections on the Dimensions of Trust and Trustworthiness Among Online Consumers［J］. Acm Sigmis Database，2002，33（3）：38 – 53.

［88］Bhattacherjee A. An Empirical Analysis of the Antecedents of Electronic Commerce Service Continuance［J］. Decision Support Systems，2001，32（2）：201 – 214.

［89］McKnight，D.，Choudhury，V.，Kacmar，C. The impact of initial consumer trust on intentions to transact with a website：a trust building model. Journal of Strategic Information Systems，2002，11（3）：297 – 323.

［90］熊国钺，沈菁. 交易型虚拟社区用户持续信任影响机制研究——网络口碑特性和虚拟社区感知的作用［J］. 经济与管理，2019，33（5）：61 – 67.

［91］Zucker L. G. Production of Trust：Institutional Sources of Economic Structure，1840 – 1920［J］. Research in Organizational Behavior，1986，8（2）：53 – 111.

［92］杜亚灵，闫鹏. PPP 项目中初始信任形成机理的实证研究［J］. 土木工程学报，2014，47（4）：115 – 124.

［93］郑伯壎. 企业组织中上下属的信任关系. 社会学研究，1999（2）：22 – 37.

［94］Rousseau D. M.，Sitkin S. B.，Burt R. S. et al. Introduction to Special Topic Forum：Not so Different after All：A Cross – Discipline View of Trust［J］. Academy of Management Review，1998，23（3）：393 – 404.

［95］罗汉洋，林旭东，王赛. 从信任到在线忠诚：理论模型与实证研究［J］. 情报杂志，2010，29（12）：190 – 194.

［96］王海萍. 电子商务环境下消费者信任研究述评［J］. 生产力

研究, 2011 (5): 205 - 207.

[97] 董纪昌, 王国梁, 沙思颖等. P2P 网贷平台信任形成机制研究 [J]. 管理学报, 2017, 14 (10): 1532 - 1537.

[98] Mollering G. The Nature of Trust: From Georg Simmel to a Theory of Expectation, Interpretation and Suspension [J]. Sociology, 2001, 35 (2): 403 - 420.

[99] McAllister D. Affect and Cognition-based Trust as Foundations for Interpersonal Cooperation in Organizations [J]. Academy of Management Journal, 1995, 38 (1): 24 - 59.

[100] Kramer R. M., Tyler T. R. Trust in Organizations: Frontiers of Theory and Research [J]. Administrative Science Quarterly, 1996, 43 (1).

[101] Johnson D., Grayson K. Cognitive and affective trust in service relationships [J]. Journal of Business Research, 2005, 58 (4): 500 - 507.

[102] Lewis J. D., Weigert A. Trust as a Social Reality [J]. Social Forces, 1985, 63 (4): 967 - 985.

[103] Johnson D., Grayson K. Cognitive and Affective Trust in Service Relationships [J]. J. Bus. Res., 2005, 58 (4): 500 - 507.

[104] 冯小东, 马捷, 蒋国银. 社会信任、理性行为与政务微博传播: 基于文本挖掘的实证研究 [J]. 情报学报, 2019, 38 (9): 954 - 965.

[105] 郑也夫. 信任: 合作关系的建立与破坏 [M]. 北京: 中国城市出版社, 2003.

[106] 严中华, 米加宁. 信任的理论框架研究及其在电子商务中的应用 [J]. 科技进步与对策, 2003, 20 (9): 29 - 32.

[107] Kim E., Tadisina S. A Model of Customers' Trust in E - business: Micro-level Inter-party Trust Formation [J]. Journal of Computer Information Systems, 2007, 48 (1): 88 - 104.

［108］侯正航.C2C 模式下消费者信任的影响因素研究［D］.哈尔滨：黑龙江大学，2011.

［109］倪自银，倪晔.基于江苏省网络消费者信任影响因素的实证研究［J］.华东经济管理，2013（12）：34 – 38.

［110］谢英香."90 后"大学生网络社交中信任关系的研究［D］.上海：华东师范大学，2013.

［111］王剑华，马军伟，吴萍.网络购物的顾客信任及其影响因素探讨——以淘宝为例［J］.商业经济研究，2017（22）：59 – 61.

［112］何冬丽.C2C 电子商务中消费者信任影响因素研究［D］.西安：西北大学，2012.

［113］陶晓波.网络环境下消费者信任影响因素研究——以产品类型为调节变量［J］.技术经济与管理研究，2011（2）：51 – 56.

［114］Corritore C. L. , Kracher B. , Wiedenbeck S. On-line Trust：Concepts, Evolving Themes, a Model［J］. International Journal of Human – Computer Studies，2003，58（6）：737 – 758.

［115］Rotter J. B. A New Scale for the Measurement of Interpersonal Trust［J］. Journal of Personality，1967，35（4）：651 – 665.

［116］Pizzutti C. , Fernandes D. Effect of Recovery Efforts on Consumer Trust and Loyalty in e – Tail：A Contingency Model［J］. International Journal of Electronic Commerce，2010，14（4）：127 – 160.

［117］谢康，肖静华.电子商务信任：技术与制度混合治理视角的分析［J］.经济经纬，2014，31（3）：60 – 66.

［118］张维迎，柯荣住.信任及其解释：来自中国的跨省调查分析［J］.经济研究，2002（10）：59 – 70，96.

［119］Stouthuysen K. , Teunis I. , Reusen E. et al. Initial Trust and Intentions to Buy：The Effect of Vendor-specific Guarantees, Customer Reviews and the Role of Online Shopping Experience［J］. Electronic Commerce Research and Applications，2018（27）：23 – 38.

［120］孙智英. 信用问题的经济学分析［M］. 北京：中国城市出版社，2002.

［121］张钢，张东芳. 国外信任源模型评介［J］. 外国经济与管理，2004，26（12）：21 − 25.

［122］Jones K. , Leonard L. N. K. Trust in Consumer-to-consumer Electronic Commerce［J］. Information & Management，2008，45（2）：88 − 95.

［123］周涛，鲁耀斌. C2C 交易中第三方信任机制作用的实证分析［J］. 工业工程与管理，2008，13（3）：104 − 110.

［124］卢现祥. 西方新制度经济学［M］. 北京：中国发展出版社，2003.

［125］Luhmann N. Trust and Power：Two Works［M］. John Wiley & Sons Inc，New York，1982.

［126］Oliveira T. , Alhinho M. , Rita P. et al. Modelling and Testing Consumer Trust Dimensions in e − Commerce［J］. Computers in Human Behavior，2017，71：153 − 164.

［127］许鑫，袁翀. 信任模型及其改进研究［J］. 现代图书情报技术，2008（2）：41 − 47.

［128］Mansbridge J. Using Power，Fighting Power［J］. Constellations，2006，1（1）：53 − 73.

［129］景东，张大勇. 社交媒体环境下用户信任度评估与传播影响力研究［J］. 数据分析与知识发现，2018，2（7）：26 − 33.

［130］Meo P. D. , Nocera A. , Rosaci D. et al. Recommendation of Reliable Users，Social Networks and High − Quality Resources in a Social Internetworking System［J］. AI Communications，2011，24（1）：31 − 50.

［131］蔡红云，田俊峰，李珍等. 基于信任领域和评价可信度量的信任模型研究［J］. 计算机研究与发展，2011，48（11）：2131 − 2138.

［132］eBay Site. http：//www. ebay. com［DB/OL］，2019.

［133］Amazon Site. http：//www. amazon. com ［DB/OL］，2019.

［134］Sina Site. http：//www. weibo. com ［DB/OL］，2019.

［135］王堃，吴蒙. P2P 网络中一种可信任的全局信誉模型 ［J］. 应用科学学报，2010，28（3）：237 – 245.

［136］周国强，曾庆凯. 一种角色分离的信任评估模型 ［J］. 软件学报，2012，23（12）：3187 – 3197.

［137］张继东，李鹏程. 移动社交网络用户信任度量化模型构建研究 ［J］. 情报理论与实践，2017，40（5）：56 – 60.

［138］张纯彬，秦筱桦，郭玉翠，李腾. P2P 环境下基于声誉的信任管理模型 ［J］，计算机时代，2012（3）：17 – 19.

［139］Zhang W. W. ，Liu F. G. ，Xu D. M. et al. Recommendation System in Social Networks with Topical Attention and Probabilistic Matrix Factorization ［J］. PloS One，2019，14（10）：1 – 18.

［140］王晋东，于智勇，张恒巍，方晨. 云模型属性加权聚类服务推荐信任度算法 ［J］. 系统仿真学报，2018，30（11）：4298 – 4312.

［141］Heidemann J. ，Klier M. ，Probst F. Online social networks：A survey of a global phenomenon ［J］. Computer Networks，2012，56（18）：3866 – 3878.

［142］高慧颖，魏甜，刘嘉唯. 基于用户聚类与动态交互信任关系的好友推荐方法研 ［J］. 数据分析与知识发现，2019，3（10）：66 – 77.

［143］Meo P. D. ，Messina F. ，Rosaci D. et al. Recommending Users in Social Networks by Integrating Local and Global Reputation ［M］. Internet and Distributed Computing Systems，Springer International Publishing，2014：437 – 446.

［144］吴旭. 基于增强稳定组模型的移动 P2P 网络信任评估方法 ［J］. 计算机学报，2014，37（10）：2118 – 2127.

［145］陈婷，朱青，周梦溪等. 社交网络环境下基于信任的推荐算

法［J］. 软件学报，2017，28（3）：721-731.

［146］蒋黎明，刘志明，张琨等. 基于动态分组的开放分布系统信任度量与管理研究［J］. 通信学报，2015，36（1）：100-110.

［147］Meo P. D. , Nocera A. , Rosaci D. et al. Recommendation of Similar Users, Resources and Social Networks in a Social Internetworking Scenario［J］. Information Sciences，2011，181（7）：1285-1305.

［148］Liu G. , Wang Y. , Orgun M. A. Trust transitivity in complex social networks［C］. AAAI Conference on Artificial Intelligence，2011：1222-1229.

［149］刘军. 整体网分析讲义：UCINET 软件实用指南［M］. 上海：格致出版社，2009.

［150］Skopik F. , Schall D. , Dustdar S. Trustworthy Interaction Balancing in Mixed Service-oriented Systems［C］. ACM Symposium on Applied Computing. DBLP，2010：799-806.

［151］Skopik F. , Schall D. , Dustdar S. Modeling and Mining of Dynamic Trust in Complex Service-oriented Systems［J］. Information Systems，2010，35（7）：735-757.

［152］张晓伟. 在线社交网络下基于信任度的消息传播模型［J］. 计算机应用，2014，34（2）：411-416.

［153］乔秀全，杨春，李晓峰等. 社交网络服务中一种基于用户上下文的信任度计算方法［J］. 计算机学报，2011，34（12）：2403-2413.

［154］Wasserman S. , Faust K. Social Network Analysis：Methods and Applications［M］. Cambridge University Press，1994.

［155］魏建良，朱庆华. 基于信息级联的网络意见传播及扭曲效应国外研究进展［J］. 情报学报，2019，38（10）：1117-1128.

［156］Watts D. J. , Strogatz S. H. Collective Dynamics of 'Small-world' Networks［J］. Nature，1998，393（6684）：440-442.

［157］陈晓剑，刘智，曾璠．基于小世界理论的公共危机信息传播网络调控研究［J］．情报理论与实践，2010，33（5）：80－84.

［158］毕娟，秦志光．基于概率主题模型的社交网络层次化社区发现算法［J］．电子科技大学学报，2014，43（6）：898－903.

［159］Newman M. E. J. The Structure and Function of Complex Networks［J］. SIAM review，2003，45（2）：167－256.

［160］孙国强，窦倩倩，张宝建．西方社交网络研究进展与未来展望［J］．情报科学，2019，37（2）：167－176.

［161］Benevenuto F. , Rodrigues T. , Cha M. et al. Characterizing User Behavior in Online Social Networks［C］. Proceedings of the 9th ACM SIG-COMM conference on Internet measurement conference，Chicago，Illinois，USA. 2009：49－62.

［162］杨善林，王佳佳，代宝等．在线社交网络用户行为研究现状与展望［J］．中国科学院院刊，2015，30（2）：200－215.

［163］Cranshwa J. , Toch E. , Hong J. et al. Bridging the Gap between Physical Location and Online Social Networks［C］. ACM International Conference on Ubiquitous Computing，2010：119－128.

［164］张奇，李彦，王歌等．基于复杂网络的电动汽车充电桩众筹市场信用风险建模与分析［J］．中国管理科学，2019，27（8）：66－74.

［165］陈彬，王小东，王戎骁等．融合机理与数据的灰箱系统建模方法研究［J］．系统仿真学报，2019，31（12）：2575－2583.

［166］许进，杨扬，蒋飞等．社交网络结构特性分析及建模研究进展［J］．中国科学院院刊，2015，30（2）：216－228.

［167］胡海波，王科，徐玲，汪小帆．基于复杂网络理论的在线社会网络分析［J］．复杂系统与复杂性科学，2008，5（2）：1－14.

［168］徐恪，张赛，陈昊，李海涛．在线社会网络的测量与分析［J］．计算机学报，2014，37（1）：166－188.

［169］Durr M. , Protschky V. , Popien C. L. Modeling Social Network Interaction Graphs ［C］. Proceedings of the 4th ASONAM, 2012：660 – 667.

［170］Lou T. C. , Tang J. Mining Structural Hole Spanners Through Information Diffusion in Social Networks ［C］. Proceedings of the 22nd WWW, 2013：825 – 836.

［171］成俊会, 赵金楼. 基于信息风险感知的社交网络舆情传播模型研究 ［J］. 情报学报, 2015, 34 (1)：134 – 138.

［172］耿瑞彬. 基于贝叶斯建模的社交网络用户连续性行为的实证研究 ［D］. 杭州：浙江大学, 2017.

［173］李倩倩, 顾基发. 用户行为驱动的在线社交网络建模 ［J］. 系统工程学报, 2015, 30 (1)：9 – 15.

［174］Gruhl D. , Guha R. , Nowell D. L. et al. Information Diffusion through Blogspace ［C］. International Conference on World Wide Web, 2004, 6 (2)：491 – 501.

［175］苑卫国. 微博用户行为分析和网络结构演化的研究. 北京交通大学, 2014：134.

［176］许晓东, 肖银涛, 朱士瑞. 微博社区的谣言传播仿真研究 ［J］. 计算机工程, 2011, 37 (10)：272 – 274.

［177］顾秋阳, 琚春华, 鲍福光. 融入改进 SIR 模型的移动社交网络谣言传播用户群体动态演化仿真研究 ［J］. 情报科学, 2019, 37 (10)：67 – 74, 80.

［178］Centola D. The Spread of Behavior in an Online Social Network Experiment ［J］. Science, 2010, 329 (5996)：1194 – 1197.

［179］Cha M. , Mislove A. , Gummadi K. A Measurement-driven Analysis of Information Propagation in the Flickr Social Network ［C］. J Athl Train, 2009, 45：721 – 730.

［180］Centola D. The Spread of Behavior in An Online Social Network

Experiment [J]. Science, 2010, 329 (5996): 1194－1197.

［181］张鑫. 基于用户行为特征及关系的在线社交网络信息传播研究与建模 [D]. 上海：华东师范大学，2017.

［182］韩少春. 社交网络信息传播特征及数据研究 [D]. 北京：北京交通大学，2016.

［183］崔泓. 社交网络中一种基于模块化的社区检测算法 [J]. 计算机工程，2014，40 (7): 62－68，86.

［184］吴信东，李毅，李磊. 在线社交网络影响力分析 [J]. 计算机学报，2014，37 (4): 735－752.

［185］张树森，梁循，齐金山. 社会网络角色识别方法综述 [J]. 计算机学报，2017，40 (3): 649－673.

［186］Borgatti S. P. Identifying sets of key players in a social network [J]. Computational & Mathematical Organization Theory, 2006, 12 (1): 21－34.

［187］赵卫东，赵旭东，戴伟辉，戴永辉，胡虹智. 突发事件的网络情绪传播机制及仿真研究 [J]. 系统工程理论与实践，2015，35 (10): 2573－2581.

［188］魏建良，朱庆华. 基于信息级联的网络意见传播及扭曲效应国外研究进展 [J]. 情报学报，2019，38 (10): 1117－1128.

［189］Yakoubi Z., Kanawati R. LICOD: A Leader-driven Algorithm for Community Detection in Complex Network [J]. Vietnam Journal of Computer Science, 2014 (1): 241－256.

［190］刘志明，刘鲁. 微博网络舆情中的意见领袖识别及分析 [J]. 系统工程，2011，29 (6): 8－16.

［191］Tan C. H., Tang J., Sun J. M. et al. Social Action Tracking via Noise Tolerant Time-varying Factor Graphs [C]. Proceedings of the 16th KDD, 2010, 1049－1057.

［192］Zhang Y. F., Li X. Q., Wang T. W. Identifying Influencers in

Online Social Networks: the Role of Tie Strength [J]. International Journal of Intelligent Information Technologies, 2013, 9 (1): 1 - 20.

[193] 贾炜, 冯登国. 基于网络中心性的计算机网络脆弱性评估方法 [J]. 中国科学院大学学报, 2012, 29 (4): 529 - 535.

[194] 许进, 杨扬, 蒋飞等. 社交网络结构特性分析及建模研究进展 [J]. 中国科学院院刊, 2015, 30 (2): 216 - 228.

[195] Fu F., Liu L., Wang L. Empirical Analysis of Online Social Networks in the Age of Web 2. 0 [J]. Physica A: Statistical Mechanics and its Applications, 2008, 387 (2 - 3): 675 - 684.

[196] Newman M. The Structure and Function of Complex Networks [J]. SIAM Review, 2003, 45 (2): 167 - 256.

[197] Borgatti S. P., Mehra A., Brass D. J., Labianca G. Network Analysis in the Social Sciences [J]. Science, 2009, 323 (5916): 892 - 895.

[198] Newman M. E. J. Communities, Modules and Large-scale Structure in Networks [J]. Nature Physics, 2012, 8 (8): 25 - 31.

[199] 王莉, 程学旗. 在线社会网络的动态社区发现及演化 [J]. 计算机学报, 2015, 38 (2): 219 - 237.

[200] Granovetter M. The Strength of Weak Ties: A Network Theory Revisited [J]. Sociological Theory, 1983, 1 (6): 201 - 233.

[201] 陈彦. 融合特征属性、网络结构和社交行为的用户有向关系强度研究 [D]. 杭州: 浙江工商大学, 2018.

[202] Chen D. B., Gao H., Lü L. et al. Identifying Influential Nodes in Large - Scale Directed Networks: The Role of Clustering [J]. Plos One, 2013, 8 (10): e77455.

[203] Newman M. E. Spread of Epidemic Disease on Networks [J]. Physical Review E Statistical Nonlinear & Soft Matter Physics, 2002, 66 (1): 016128.

［204］Alcgaradi M. A., Varathan K. D., Ravana S. D. Identification of Influential Spreaders in Online Social Networks Using Interaction Weighted K - core Decomposition Method ［J］. Physica A：Statistical Mechanics and its Applications, 2016, 468：278 - 288.

［205］Castellano C., Pastor - Satorras R. Thresholds for Epidemic Spreading in Networks ［J］. Physical Review Letters, 2010, 105（21）：218701.

［206］Dolev S., Elovici Y., Puzis R. Routing Betweenness Centrality ［J］. Journal of the ACM, 2010, 57（4）：1 - 27.

［207］Freeman L. C. A Set of Measures of Centrality Based on Betweenness ［J］. Sociometry, 1977, 40（1）：35 - 41.

［208］程启月. 评测影响因素权重确定的结构熵权法 ［J］. 系统工程理论与实践, 2010, 30（7）：1225 - 1228.

［209］Peng K., Lin R., Huang B. et al. Node Importance of Data Center Network Based on Contribution Matrix of Information Entropy ［J］. Journal of Networks, 2013, 8（6）：1248 - 1254.

［210］杜亚灵, 柯丹. PPP 项目中初始信任对合同条款控制影响的情境模拟实验研究 ［J］. 管理工程学报, 2019, 33（3）：188 - 195.

［211］Mayer R. C., Davis J. H., Schoorman F. D. An Integrative Model of Organizational Trust ［J］. Academy of Management Review, 1995, 20（3）：709 - 734.

［212］于建红. 网上信任评价模型及其因素研究 ［J］. 软件导刊, 2007（17）：36 - 38.

［213］鲁耀斌, 董圆圆. 电子商务信任问题理论框架研究 ［J］. 管理学报, 2005, 2（5）：522 - 535.

［214］Fishbein M., Ajzen I. Belief, Attitude, Intention, and Behavior：An Introduction to Theory and Research ［M］. Addison Wesley, Reading, MA, 1975.

［215］Davis F. D. , Bagozzi R. P. , Warshaw P. R. Extrinsic and Intrinsic Motivation to Use Computers in the Workplace1 ［J］. Journal of Applied Social Psychology, 2006, 22（14）: 1111 – 1132.

［216］Davis F. D. , Bagozzi R. P. , Warshaw P. R. User Acceptance of Computer Technology: A Comparison of Two Theoretical Models ［J］. Management Science, 1989, 35（8）: 982 – 1003.

［217］赵建彬, 景奉杰, 余樱. 品牌社群顾客间互动、心理契约与忠诚关系研究 ［J］. 经济经纬, 2015, 32（3）: 96 – 101.

［218］何伟. 关系互动、身份调整与外交决策——解析中美关系正常化进程（1972—1979）［J］. 太平洋学报, 2019, 27（7）: 27 – 40.

［219］Iyengar R. , Han S. , Gupta S. Do Friends Influence Purchases in a Social Network. Working paper, Business School, Harvard University, 2009（2）.

［220］毕楠, 银成钺, 蓝海平. 信息价值对消费者影响的实验研究——以微信信息为例 ［J］. 情报科学, 2015（4）: 93 – 97.

［221］熊莉君. 虚拟社区中信息交流的引导机制研究 ［J］. 图书馆学研究, 2011（9）: 45 – 47.

［222］Wagner T. F. , Baccarella C. V. , Voigt K. I. Framing Social Media Communication: Investigating the Effects of Brand Post Appeals on User Interaction ［J］. European Management Journal, 2017, 35（5）: 606 – 616.

［223］王晰巍, 王铎, 郑晴晓, 韦雅楠. 在线品牌社群环境下企业与用户的信息互动研究——以虚拟现实产业为例 ［J］. 数据分析与知识发现, 2019, 3（3）: 83 – 94.

［224］秦芬, 严建援, 李凯. 知识型微信公众号的内容特征对个人使用行为的影响研究 ［J］. 情报理论与实践, 2019, 42（7）: 106 – 112.

［225］张昊, 綦宸玥, 张睿凌, 高明. 新产品预发布对消费者购买

意向的影响［J］. 东北大学学报（自然科学版），2019，40（9）：1365 - 1368.

［226］王永刚，蔡飞志，Eng Keong Lua，胡建斌，陈钟. 一种社交网络虚假信息传播控制方法［J］. 计算机研究与发展，2012，49（S2）：131 - 137.

［227］Roy A.，Singhal A.，Srivastava J. Formation and Reciprocation of Dyadic Trust［J］. ACM Transactions on Internet Technology，2017，17（2）：1 - 24.

［228］阳雨，胡亚洲，郭勇等. 基于在线社交网络的用户信任传递建模与分析［J］. 计算机工程，2018，44（11）：271 - 276.

［229］盛亚，于卓灵. 论社会创新的利益相关者治理模式——从个体属性到网络属性［J］. 经济社会体制比较，2018（4）：184 - 191.

［230］Zheng C.，Yu X.，Jin Q. How user Relationships Affect User Perceived Value Propositions of Enterprises on Social Commerce Platforms［J］. Information Systems Frontiers，2017，19（6）：1261 - 1271.

［231］Aral S.，Walker D. Identifying Influential and Susceptible Members of Social Networks［J］. Science，2012，337：337 - 341.

［232］马磊. 机会、选择和目标——社会网的形成机制及其对新媒体研究的启示［J］. 社会科学，2015（9）：184 - 191.

［233］Ruan Y.，Durresi A. A Survey of Trust Management Systems for Online Social Communities Trust Modeling，Trust Inference and Attacks［J］. Knowledge - Based Systems，2016，106：150 - 163.

［234］孙琳冰. 社交关系强度对用户分享信息与购买意向影响研究［D］. 哈尔滨：哈尔滨工业大学，2018.

［235］徐建中，朱晓亚. 社会网络嵌入情境下R&D团队内部知识转移影响机理——基于制造企业的实证研究［J］. 系统管理学报，2018，27（3）：25 - 35，54.

［236］周懿瑾，陈嘉卉. 社会化媒体时代的内容营销：概念初探与

研究展望 [J]. 外国经济与管理, 2013, 35 (6): 61 – 72.

[237] 沐光雨, 徐青, 司秀丽. 社交网络环境下社会广告信息传播对信任的影响因素分析 [J]. 情报科学, 2018, 36 (11): 146 – 149, 157.

[238] Gefen D., Straub D. W. Consumer Trust in B2C e – Commerce and The Importance of Social Presence: Experiments in e – Products and e – Services [J]. Omega, 2004, 32 (6): 407 – 424.

[239] Lieb R. Content Marketing: Think Like A Publisher – How To Use Content to Market Online and In Social Media [M]. Upper Saddle River, NJ: Pearson Education, 2011.

[240] 王秀为, 胡珑瑛, 白忠博等. 贷方对网贷平台初始信任向借方转移的研究 [J]. 管理世界, 2018 (8): 176 – 177.

[241] 李婷婷, 李艳军, 刘瑞涵. 心理距离情境对农户农资购买决策中初始信任的影响——信息处理模式的中介机制 [J]. 管理学报, 2016, 13 (11): 1690 – 1701.

[242] Sultan F., Urban G. L., Shankar V., Bart I. Determinants and Consequences of Trust in e – Business. Working Paper, Sloan School of Management, MIT, Cambridge, MA, 2002.

[243] Chang S. H., Chih W. H., Liou D. K. et al. The Mediation of Cognitive Attitude for Online Shopping [J]. Information Technology & People, 2016, 29 (3): 618 – 646.

[244] Goldsmith R. E. Explaining and Prediction Consumer Intention to Purchase Over the Internet: An Exploratory Study [J]. Journal of Marketing Theory and Practice, 2002, 10 (2): 22 – 28.

[245] 卢强, 李辉. 消费者有机农产品网购意愿研究——基于 TAM 模型的实证 [J]. 当代经济管理, 2017, 39 (1): 15 – 23.

[246] 王晓珍, 王玉珠, 杨玉兵, 杨拴林. 网购价格框架对消费者感知价值与购买意愿的影响 [J]. 商业经济研究, 2017 (14): 36 – 39.

［247］Stewart K. J. Trust Transfer on the World Wide Web ［J］. Organization Science，2003，14（1）：5 - 17.

［248］熊国钺，沈菁. 交易型虚拟社区用户持续信任影响机制研究——网络口碑特性和虚拟社区感知的作用 ［J］. 经济与管理，2019，33（5）：61 - 67.

［249］Rust R. T.，Zahorik A. J. Customer Satisfaction，Customer Retention，and Market Share ［J］. Journal of Retailing，1993，69（2）：193 - 216.

［250］Tellis G. J.，Johnson J. The Value of Quality ［J］. Marketing Science，2007，26（6）：758 - 773.

［251］Hawkins D.，Mothersbaugh D.，Mookerjee A. et al. Consumer behavior：building marketing strategy ［M］. 北京：机械工业出版社，2015.

［252］Zeithaml V. A. Consumer Perceptions of Price，Quality and Value：A Means-end Model and Synthesis of Evidence ［J］. Journal of Marketing，1988，52（3）：2 - 22.

［253］Miyzaki A. D.，Grewal D.，Goodstein R. C. The Effect of Multiple Extrinsic Cues on Quality Perceptions：A Matter of Consistency ［J］. Journal of Consumer Research，2005，32（6）：146 - 153.

［254］雷超，卫海英. 跨境购物中的"马太效应"：制度信任对产品外部属性的调节作用研究 ［J］. 旅游学刊，2017（5）：39 - 48.

［255］雷超. 产品外部属性对跨境购物意愿的影响 ［J］. 旅游学刊，2013，28（12）：81 - 89.

［256］施卓敏，李璐璐，吴路芳. "爱礼品"还是"要包邮"：哪种促销方式更吸引你？——影响网上促销框架和网络购买意愿关系的调节变量研究 ［J］. 营销科学学报，2013，9（1）：105 - 117.

［257］廖俊云，黄敏学. 基于酒店销售的在线产品评论、品牌与产品销量实证研究 ［J］. 管理学报，2016，13（1）：122 - 130.

［258］Fritz K. , Schoenmueller V. , Bruhn M. Authenticity in Branding-exploring Antecedents and Consequences of Brand Authenticity ［J］. European Journal of Marketing, 2017, 51 (2): 324 – 348.

［259］钟帅, 章启宇. 基于关系互动的品牌资产概念、维度与量表开发 ［J］. 管理科学, 2015 (2): 69 – 79.

［260］Aaker J. L. Dimensions of Brand Personality ［J］. Journal of Marketing Research, 1997, 34 (3): 347 – 356.

［261］Malik M. E. , Ghafoor M. M. , Iqbal H. K. et al. Importance of Brand Awareness and Brand Loyalty in Assessing Purchase Intentions of Consumer. International Journal of Business & Social Science, 2013: 167 – 171.

［262］Lee K. S. , Tan S. J. E – retailing Versus Physical Retailing: A Theoretical Model and Empirical Test of Consumer Choice ［J］. Journal of Business Research, 2003, 56 (11): 877 – 885.

［263］刘丽娜, 齐佳音, 张镇平, 等. 品牌对商品在线销量的影响——基于海量商品评论的在线声誉和品牌知名度的调节作用研究 ［J］. 数据分析与知识发现, 2018, 2 (9): 14 – 25.

［264］Moon J. , Chadee D. , Tikoo S. Culture, Product Type, and Price Influences on Consumer Purchase Intention to Buy Personalized Products Online ［J］. Journal of Business Research, 2008, 61 (1): 31 – 39.

［265］朱镇, 黄秋云. 大尺度旅游线路的设计质量评价体系与检验: 以欧洲出境观光游为例 ［J］. 旅游学刊, 2019, 34 (1): 26 – 36.

［266］宋鹏, 郭勤勤. 异质产品的在线评论特征对产品销量的影响 ［J］. 山西大学学报 (哲学社会科学版), 2019, 42 (4): 105 – 112.

［267］Cui G. , Lui H. K. , Guo X. N. The Effect of Online Consumer Reviews on New Product Sales ［J］. International Journal of Electronic Commerce, 2012, 17 (1): 39 – 57.

［268］朱翊敏. 在线品牌社群成员参与程度对其社群认同的影响——产品类型和品牌熟悉度的调节 ［J］. 商业经济与管理, 2019

（2）：51 – 61.

［269］游浚，张晓瑜，杨丰瑞．在线评论有用性的影响因素研究——基于商品类型的调节效应［J］．软科学，2019，33（5）：140 – 144.

［270］汪旭晖，聂可昱，陈荣．"解释行为"还是"解释反应"？怎样的在线评论更有用——基于解释类型的在线评论对消费者购买决策的影响及边界条件［J］．南开管理评论，2017，20（4）：27 – 37.

［271］庄小将．服务质量对消费者忠诚度的影响——基于淘宝网店的实证研究［J］．技术经济与管理研究，2015（12）：57 – 61.

［272］刘紫玉，尹丽娟，袁丽娜．基于结构方程模型的物流服务因素对消费者网购意愿影响研究［J］．数学的实践与认识，2019，49（4）：34 – 42.

［273］Gefen D.，Devine P. Customer Loyalty to an Online Store：The Meaning of Online Service Quality. Proceedings of the Twenty – Second International Conference on Information Systems. 2001：613 – 617.

［274］乐美龙，王继勇．上海自贸区跨境电子商务平台双边定价研究［J］．商业经济研究，2015（6）：58 – 59.

［275］Jang H. M.，Marlow P. B.，Mitroussi K. The Effect of Logistics Service Quality on Customer Loyalty Through Relationship Quality in the Container Shipping Context［J］. Transportation Journal，2013（4）：493 – 521.

［276］汪振杰，蒲晓敏，李平．网络零售商非价格因素差异化特质对消费者惠顾意向的影响［J］．消费经济，2019，35（2）：80 – 88.

［277］袁亮，吴佩勋．基于结构方程模型的线上展示、感知风险与购买意愿［J］．统计与决策，2017（22）：183 – 186.

［278］廖毅，聂静虹．区域品牌水果的网购意愿影响因素——以东莞市"麻涌香蕉"为例［J］．地域研究与开发，2018，37（5）：50 – 54，61.

［279］Liang T. P.，Ho Y. T. and Li Y. W. et al. What Drives Social

Commerce: The Role of Social Support and Relationship Quality [J]. International Journal of Electronic Commerce, 2011, 16 (2): 69 – 90.

[280] Stanko M. A., Bonner J. M., Calantone R. J. Building Commitment in Buyer—Seller Relationships: A Tie Strength Perspective [J]. Industrial Marketing Management, 2007, 36 (8): 1094 – 1103.

[281] Kelman H. C. Processes of Opinion Change [J]. Public Opinion Quarterly, 1961, 25 (1): 57 – 78.

[282] Villanueva J., Yoo S., Hanssens D. M. The Impact of Marketing – Induced Versus Word – of – Mouth Customer Acquisition on Customer Equity Growth [J]. Journal of Marketing Research, 2008, 45 (1): 48 – 59.

[283] Woodside A. G., Davenport J W. The Effect of Salesman Similarity and Expertise on Consumer Purchasing Behavior [J]. Journal of Marketing Research, 1974, 11 (2): 198 – 202.

[284] 林南. 社会资本: 关于社会结构与行动的理论 [M]. 上海: 上海人民出版社, 2005.

[285] Marsden P. V. Homogeneity in Confiding Relations [J]. Social Networks, 1988, 10 (1): 57 – 76.

[286] Alba R. D., Kadushin C. The Intersection of Social Circles: a New Measure of Social Proximity in Networks [J]. Sociological Methods and Research. 1976, 5 (1): 77 – 102.

[287] 张胜兵. 弱连接对不同类型在线社交网络信息传播范围的影响研究 [J]. 计算机工程与科学, 2015, 37 (1): 42 – 47.

[288] 沈洪洲, 袁勤俭. 基于社交网络的社交关系强度分类研究 [J]. 情报学报, 2014 (8): 846 – 859.

[289] Granovetter M. The Strength of Weak Ties: A Network Theory Revisited [J]. Sociological Theory, 1983, 1 (6): 201 – 233.

[290] Gilly M. C., Graham J. L., Wolfinbarger M. F. et al. A Dyadic Study of Interpersonal Information Search [J]. Journal of the Academy of Mar-

keting Science, 1998, 26 (2): 83 - 100.

［291］Voyer P. A. Word - of - Mouth Processes Within a Services Purchase Decision Context ［J］. Journal of Service Research, 2000, 3 (2): 166 - 177.

［292］何建民, 谢芳. 采用信息感知有用性指标度量网络社区客户抱怨影响力方法研究 ［J］. 科技和产业, 2013 (2): 91 - 95.

［293］张晓雯, 陈岩. 社会化电子商务环境下消费者购买意愿的影响因素研究 ［J］. 现代商业, 2015 (22): 69 - 74.

［294］胡莎莎. 浅析网络信息传播价值 ［J］. 现代情报, 2011, 31 (12): 154 - 155.

［295］高锡荣, 张红超. 海量文本信息的价值评估模型及算法——以新浪微博为例 ［J］. 情报杂志, 2016, 35 (6): 151 - 155.

［296］朱源进. 信息价值观念刍议 ［J］. 山西财经学院学报, 1985 (4): 17 - 19.

［297］徐敏, 辛琳. 由信息的时效性引发的移动博客思考 ［J］. 科技情报开发与经济, 2008, 38 (18): 159 - 160.

［298］Lieb R. Content Marketing: Think Like a Publisher - How to Use Content to Market Online and in Social Media ［M］. Upper Saddle River, NJ: Pearson Education, 2011.

［299］Barnes S. J., Vidgen R. T. Assessing the Quality of Auction Web Sites ［C］. The Hawaii International Conference on Systems Sciences, Maui, Hawaii, 2001.

［300］Gorla N., Somers T. M., Wong B. Organizational Impact of System Quality, Information Quality, and Service Quality ［J］. The Journal of Strategic Information Systems, 2010, 19 (3): 207 - 228.

［301］Aladwani A. M., Palvia P. C. Developing and Validating an Instrument for Measuring User-perceived Web Quality ［J］. Information and Management, 2002, 39 (6): 467 - 476.

［302］ Bailey J. E. ，Pearson S. W. Development of a Tool for Measuring and Analyzing Computer User Satisfaction ［J］. Management Science，1983，29（5）：530 - 545.

［303］ Cheung C. M. K. ，Lee M. K. O. ，Rabjohn N. The Impact of Electronic Word-of-mouth：The Adoption of Online opinions in Online Customer Communities ［J］. Internet Research，2008，18（3）：229 - 247.

［304］ Zheng Y. M. ，Zhao K. ，Stylianou A. The Impact of Information Quality and System Quality on Users' Continuance Intention in Information Exchange Virtual Communities：An Empirical Investigation ［J］. Decision Support Systems，2013（56）：513 - 524.

［305］ Wang R. Y. ，Strong D. M. Beyond Accuracy：What Data Quality Means to Data Consumers ［J］. Journal of Management Information Systems，1996，12（4）：5 - 33.

［306］ 向远媛. 网络口碑对用户感知信息有用性影响的实证研究 ［D］. 上海：复旦大学，2011.

［307］ Loiacono E. T. Webqual（tm）：A Web Site Quality Instrument ［M］. University of Georgia，2000.

［308］ Gefen D. ，Karahanna E. ，Straub D. W. Trust and TAM in Online Shopping：An Integrated Model ［J］. Mis Quarterly，2003，27（1）：51 - 90.

［309］ Laaksonen M. Retail Patronage Dynamics：Learning About Daily Shopping Behavior in Contexts of Changing Retail Structures ［J］. Journal of Business Research，1993，28（1 - 2）：3 - 174.

［310］ Sutton S. R. ，Hallett R. Understanding Seat-belt Intentions and Bbehavior：a Decision-making Approach ［J］. Journal of Applied Social Psychology，1989，19：1310 - 1325.

［311］ Lohse G. ，Bellman S. ，Johnson E. J. Consumer Buying Behavior on the Internet：Findings from Panel Data ［J］. Social Science Electronic

Publishing，2009，14（1）：15 – 29.

［312］Corbitt B. J. , Thanasankit T. , Yi H. Trust and e – Commerce：a Study of Consumer Perceptions ［J］. Electronic Commerce Research and Applications，2003，2（3）：203 – 215.

［313］温骁罡. 网络购物接受态度的影响因素研究 ［D］. 南宁：广西大学，2008.

［314］刘晖. 基于 TAM 理论视角下的网络直播使用态度影响因子实证研究 ［D］. 广州：华南理工大学，2017.

［315］历岩. 我国 B2B 电子商务平台易用性评价研究 ［D］. 哈尔滨：哈尔滨工程大学，2011.

［316］Lightner N. J. What Users Want in e – Commerce Design：Effects of Age，Education and Income ［J］. Ergonomics，2003，46（1 – 3）：153 – 168.

［317］Moon J. , Chadee D. , Tikoo S. Culture，Product Type，and Price Influences on Consumer Purchase Intention to Buy Personalized Products Online ［J］. Journal of Business Research，2008，61（1）：0 – 39.

［318］Keller K. L. Conceptualizing，Measuring，and Managing Customer – Based Brand Equity ［J］. Journal of Marketing，1993，57（1）：1 – 22.

［319］李黎. 产品因素对消费者线上线下渠道选择的影响研究 ［D］. 武汉：湖北大学，2017.

［320］李萍. C2C 电子商务中影响消费者网上购物态度的因素分析 ［D］. 哈尔滨：哈尔滨工业大学，2007.

［321］Swinyard W. R. , Coney K. A. Promotional Effects on a High-versus Low-involvement Electorate ［J］. Journal of Consumer Research，1978，5（1）：41 – 49.

［322］尹世久，吴林海，刘梅. 消费者网络购物影响因素分析 ［J］. 商业研究，2009（8）：193 – 195.

［323］Anderson J. C. , Gerbing D. W. Structural Equation Modeling in Practice：A Review and Recommended Two-step Approach ［J］. Psychological Bulletin, 1988, 103（3）: 411 – 423.

［324］Tinsley H. E. , Tinsley D. J. Uses of Factor Analysis in Counseling Psychology Research ［J］. Journal of Counseling Psychology, 1987, 34（4）: 414 – 424.

［325］黄希庭, 张志杰. 心理学研究方法 ［M］. 北京: 高等教育出版社, 2010.

［326］戴海琦. 心理测量学 ［M］. 北京: 高等教育出版社, 2015.

［327］Speicher M. , Hell P. , Daiber F. et al. A Virtual Reality Shopping Experience Using the Apartment Metaphor. Proceedings of 2018 International Conference on Advanced Visual Interfaces ［C］. Castiglione Della Pescaia, Italy: ACM, 2018.

［328］李宝库, 刘莹. 农村居民网络消费溢价支付意愿研究 ［J］. 中国流通经济, 2019, 33（2）: 103 – 112.

［329］赵文宇, 徐健. 不同网络平台用户情感表达特征对比分析 ［J］. 情报理论与实践, 2020, 43（1）: 163 – 168, 149.

后　　记

这本书见证了我博士期间度过的五载年华，在美丽幽静的校园里，我迎来过思如泉涌的迸发瞬间，也经历过迷茫的暗黑时刻，博士不易，幸得求学时光里给予我帮助的师长、亲人和好友们，因为有了您们，我才觉得我"可以"，感念永存！

首先，感谢我的导师周梅华教授。能够师从周老师，是我求学生涯中最感幸运的一件事。周老师高尚的品格、渊博的学识、严谨的治学态度、敏锐的洞察力、不懈探索的精神、诲人不倦的师德，以及谦和的为人处事方式，都令我受益匪浅。周老师为我们的成长搭建了良好的平台，定期召开博士论坛和学术讨论，每一次学习与交流都让我在学术视野和研究能力上得到很大的提升。选题时，您告诫我，进入中国特色社会主义发展新时期，作为一名中国管理学者，需要立时代之潮头、通古今之变化、发思想之先声，选题要与时俱进，立意要高远深刻，研究成果要理论上能引领和推动新经济发展时期中国企业的管理创新，实践上也要为企业的经营和决策提供依据与指导。本书的顺利完成离不开周老师的悉心指导，从选题、开题、写作到最后定稿的各个环节，无不倾注您的大量心血！

其次，感谢华桂宏教授为本书作序，感谢您在百忙之中为本书提出的宝贵修改意见，提纲挈领，高屋建瓴！感谢挚友李子联教授，在我遇到研究瓶颈时，您总是"启明星"。在与您的交谈中，我知道了中国故事是什么，理解了如何讲述中国故事。这种情怀指引着我根植于中国土壤的管理元素，讲述中国故事及其背后的规律与机制，挖掘中国企业创新发展中的独特情境变量，也尝试提出新概念、构建新理论、创造新模式，感谢您的帮助和启发，对我思维的发展，乃至对我未来的研究工作都起到了无可替代的作用！感谢杨晓丽教授默默的、从不"张扬"的指导与鼓励，是您在我遇到困难时助我拔丁抽楔，是您在我疲惫不堪时为我加油打气，是您伴我走过这艰辛又漫长的岁月，更是您给予了我"坚持就能成功"的自信！感谢对本书提出宝贵意见的胡恩华教授、丁志华教授、彭红军教授、吕涛教授和周敏教授，各位老师的意见和建议让本书的思路更加清晰，逻辑更加合理！感谢师姐刘满芝教授，每次与您的促膝长谈，总能解决我的诸多困惑！同时，感谢王世进教授、牛强教授、王志晓教授、袁冠教授和戚绪尧教授在研究方法方面给予我的悉心指导！

最后，感谢我的家人。感谢我的爱人，是你在布满荆棘的路上始终陪伴与鼓励，给予我生活和精神上的诸多支持，因为你的帮助、体谅和包容，让我五年的求学生活有了幸福和甜蜜的回忆！感谢我亲爱的爸爸、妈妈给予我无尽的支持和鼓励！我亲爱的妈妈，您永远给我最温暖的怀抱，在我最难熬的时光里帮我们带大一双儿女！感谢我亲爱的公公、婆婆给予我无尽的包容和理解！感谢所有的亲友们给予我无尽的关心和鼓励！感谢我亲爱的儿子曲恒毅和女儿郑曲纯熙，在陪伴你们成长的过程中，让我感知了平凡和平静的力量，让我领悟到人生的简单与纯正！

此刻没有为赋新词的推辞叠意，有的只是满心的感谢，还有就是对未来的期盼。在未来的研究中，我定不辜负师长和亲友们的支持与帮助，不辜负我在艰难和煎熬中的坚持与成长，不辜负"跌倒了，爬起来"的信心与信念，更不辜负孩子们眼中朝夕不倦、苦学力行的"我"。"不忘初心，砥砺前行"，未来我还会立足于中国网络环境，关注能够促进经济高质量发展、促进中国特色管理科学体系发展重要的、有价值的研究问题，讲好中国故事，也会选择合适的方法、规范的操作来客观、严谨、可靠、有效地讲述中国故事背后的内在逻辑与思想理论，为中国管理实践贡献绵薄之力，助力我国经济高质量发展。

第 3 章　利用信息技术介入的移动社交互动构成要素挖掘 彩图

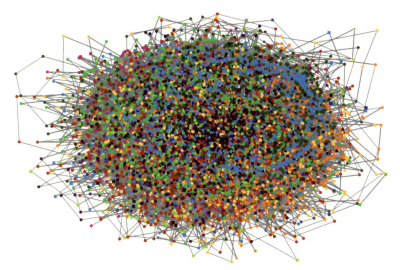

图 3 – 2　"美食"话题社交关系云图

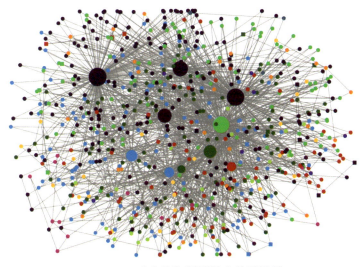

图 3 – 4　"美妆"话题社交关系云图

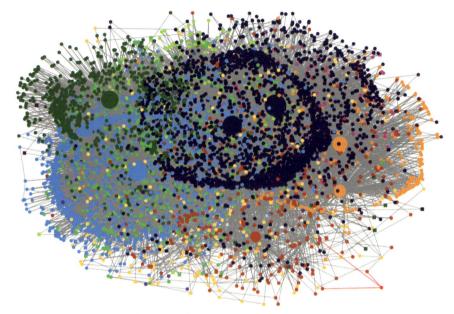

图 3 - 6   "时尚"话题社交关系云图

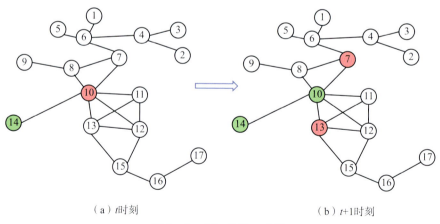

（a）*t*时刻

（b）*t*+1时刻

图 3 - 9   SIR 传播示意图

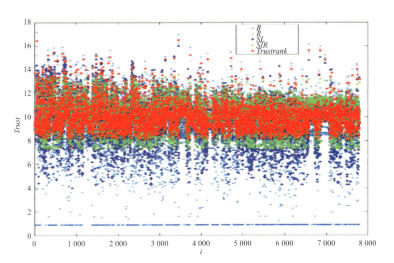

图 3 - 23   "美食"网络用户信任度分布对比图

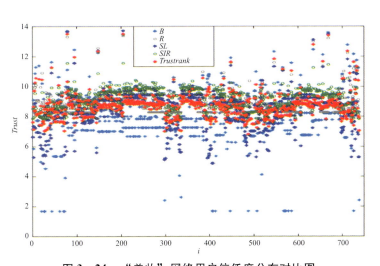

图 3 - 24   "美妆"网络用户信任度分布对比图

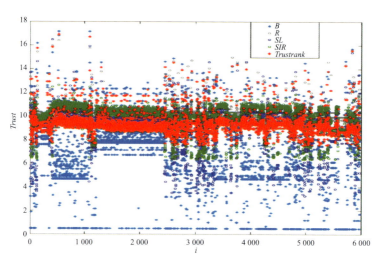

图 3 – 25　"时尚"网络用户信任度分布对比图